Cómo piensan los hombres

Cómo piensan los hombres

Una guía para entender la
mente masculina

SHAWN T. SMITH

Cómo piensan los hombres

Título original: *The Women's Guide to How Men Think*
Publicado por: New Harbinger Publications, Inc., CA.

Primera edición: febrero de 2015

D.R. © 2013, Shawn Smith

D. R. © 2015, derechos de edición mundiales en lengua castellana:
    Santillana Ediciones Generales, S.A de C.V., una empresa de
    Penguin Random House Grupo Editorial, S.A. de C.V.
    Blvd. Miguel de Cervantes Saavedra núm. 301, 1er piso,
    colonia Granada, delegación Miguel Hidalgo, C.P. 11520,
    México, D.F.

www.megustaleer.com.mx

D. R. © Traducción: Alejandra Ramos
D. R. © Diseño de cubierta: Amy Shoup
D. R. © Ilustración de portada: Ocean Ilustration/Veer
D. R. © Fotografía del autor: O Grace Photography

Comentarios sobre la edición y el contenido de este libro a:
megustaleer@penguinrandomhouse.com

ISBN 978-607-113-654-1

Impreso en México / *Printed in Mexico*

"La guerra entre los sexos es histórica, pero muy pocos de los incontables métodos para generar paz, realmente funcionan. El autor de *Cómo piensan los hombres*, ofrece a las mujeres el código del pensamiento masculino que, de ser aceptado, podría dar fin a esta guerra. Fácil de leer, práctico e ingenioso: les recomiendo este libro a todas las mujeres que quieran entender a los hombres, y a todos los hombres a los que les agradaría entenderse mejor a sí mismos."

Harville Hendrix, PhD, autor de *Getting the Love You Want*, y coautor de *Haz más fácil tu matrimonio*.

"El libro de Shawn Smith no solamente es notable por su útil contenido, sino también por la forma en que el autor abre su corazón y su mente para convertirse en un auténtico e íntimo embajador de los buenos hombres a los que representa. Con cada capítulo construye, de una manera amable pero firme, sus premisas básicas: las mujeres pueden apropiarse de las herramientas necesarias para obtener más de lo que necesitan de sus hombres; si las mujeres dejaran de esperar que los hombres sean como ellas, amarlos resultará relativamente sencillo; y, las mujeres y los hombres necesitan de las contribuciones esenciales de ambos para generar la plenitud que los dos sexos merecen. Gracias a una original mezcla de investigación profunda, humor, y una fuerte convicción en las cosas en las que cree, Smith logra contarnos su historia y cautivar nuestra atención."

Randi Gunther, PhD, autor de *Relationship Saboteurs*.

"Siempre hemos sabido que los hombres y las mujeres piensan de manera distinta, pero ahora esta diferencia sale a la luz en una guía edificante y fácil de leer, que sirve para entender la forma en que realmente funciona la mente masculina. Smith ha dado a las mujeres la clave para saber cómo conocer a fondo al hombre que aman, y cómo amarlo más."

Barton Goldsmith, PhD, autor de *Sé una pareja feliz*.

"Shawn Smith escribió un sólido manual para las mujeres modernas que no recibieron educación sobre las diferencias de género. *Cómo piensan los hombres* utiliza un enfoque amable para ayudar a las mujeres a entender lo que mueve a los varones, lo que, a su vez, les ayudará a encontrar el amor que buscan."

Suzanne Venker, autora y crítica de la cultura.

"El libro de Shawn Smith ofrece un maravilloso servicio porque ayuda a las mujeres a entender a los hombres. El autor enlaza investigación, experiencia clínica y experiencia personal, de una manera clara y accesible. Recomiendo este libro tanto a clientes como a estudiantes; en él, Smith fue capaz de destacar la influencia del género sin recurrir a estereotipos ni ser simplista. Nos muestra cómo evitar la trampa del resentimiento —proveniente de la falta de entendimiento—, y ofrece ejemplos profundos y prácticos que pueden mejorar las relaciones."

Shelly Smith-Acuña, PhD, autora de *Systems Theory in Action*, y decana de la escuela de psicología profesional de la Universidad de Denver.

"No puedo recordar un libro de autoayuda que haya disfrutado tanto como éste. Es muy raro encontrar uno que, además de tener bases científicas y ser increíblemente práctico, esté lleno de humor. De él se desbordan fascinantes reflexiones sobre la psicología masculina, y provee un camino honesto, realista y eficaz para mejorar y enriquecer tus relaciones más cercanas."

Russ Harris, autor de *The Happiness Trap*.

"Shawn Smith no se disculpa por los rasgos masculinos ni trata de cambiarlos; prefiere revelar su significado a las mujeres que desean una mejor relación con un hombre. Este libro ofrece a las lectoras un paseo por la mente masculina y ayuda a entender cómo ser más empáticas y conectarse mejor con el hombre que aman. *Cómo piensan los hombres* enseña que el comportamiento y el amor masculinos, no son mejores ni peores, sólo distintos; pero lo que hace de esta guía una joya, es la forma en que reconoce y señala dichas diferencias."

Helen Smith, PhD, autora de *Men on Strike: Why Men Are Boycotting Marriage, Fatherhood, and the American Dream —and Why It Matters*; psicóloga forense en Knoxville, Tennessee.

"Smith es un escritor inteligente que explica los misterios de la mente masculina con sagacidad, compasión y humor. Su libro tiene un sólido respaldo de investigación; y es una cautivante guía que, además, ofrece una mejor comprensión de los hombres, con el objetivo de fomentar mejores relaciones. Es una lectura obligada para todas las mujeres."

Michelle Skeen, PsyD, anfitriona de programas de radio y autora de *The Critical Partner*.

"¡Una lectura absolutamente disfrutable! Este libro es una guía fácil y práctica para quienes deseen entender aspectos clave de la mente masculina. Contiene información relevante, interesantes casos médicos y sugerencias fáciles de seguir, que permitirán a las lectoras hacer que los hombres sean más accesibles en las relaciones románticas. Este libro explica por qué los hombres anhelan ser eficaces, así como la razón por la que difieren de las mujeres en lo concerniente a la resolución de problemas, la forma de escuchar, y su necesidad de sentirse apreciados. También señala patrones masculinos comunes como el 'hueco del silencio', y ofrece sugerencias para lograr que los hombres estén más presentes y se involucren más. Leer este libro te brindará una nueva perspectiva sobre el hombre de tu vida."

John Aiken, psicólogo de relaciones, anfitrión de programas televisivos y autor de *best-sellers*.

"Si no entiendes lo que sucede cuando intentas comunicarte con tu hombre, ésta es la guía perfecta para ti. Smith ofrece una comprensión increíblemente clara de la desvinculación que afecta a tantas relaciones. En un lenguaje accesible, presenta estrategias sólidas y positivas para ayudar a las parejas en problemas. ¡Este libro es un recurso invaluable!"

Carolyn Daitch, PhD, autora de *Anxious in Love*.

"A primera vista, Cómo piensan los hombres parece una versión del siglo XXI del clásico de John Gray *Los hombres son de Marte y las mujeres de Venus*. Sin embargo, en lugar de enfocarse en lo peor del sexo masculino, Shawn Smith escribe sobre los que llama 'hombres buenos'. Soy un terapeuta que promueve las relaciones con funcionamiento seguro y, en lo personal, me parece que su premisa es refrescante: sí hay hombres capaces y dispuestos a amar y comprometerse en sus relaciones. Los lectores de ambos sexos descubrirán que este libro ofrece una nueva visión de muchos antiguos dilemas acerca del vínculo en la pareja."

Stan Tatkin, PsyD, MFT.

Nota del editor

Índice

Agradecimientos

Estas pocas palabras no son suficientes para agradecer toda la ayuda y apoyo que la gente me ha brindado para la realización de este libro. Mi agradecimiento eterno para Melissa Kirk y todos los maravillosos profesionales de New Harbinger por darle vida al volumen, y a Jasmine Star por su impecable trabajo editorial. A los cientos de hombres y mujeres que compartieron de manera anónima sus ideas conforme el libro tomaba forma: gracias por su sabiduría. Un agradecimiento especial a los amigos que soportaron el primer borrador y me dieron sus invaluables opiniones: Russ Harris, Veronica Hoegler, Jonathan Lipson, Stephanie Marsh, Michelle Skeen y Valerie Wickwar-Svoboda. Y, principalmente, todo mi amor y gratitud a Tracy y a Jordan: sin ustedes, mi vida y mi trabajo no tendrían sentido.

Introducción

Conocí a un hombre —llamémoslo Mike—, que provocó a su esposa un gran desasosiego sin querer. Tenía buenas intenciones, pero a veces las buenas intenciones traen malos resultados.

El problema comenzó un martes por la tarde, cuando Mike se enteró de que su jefe despediría a algunos de sus empleados en poco tiempo. Como él era uno de los nuevos, de inmediato se preocupó y dio por hecho que su puesto estaba en peligro. Le contó a un amigo lo que pasaba pero, fuera de eso, se guardó sus preocupaciones y ni siquiera le mencionó sus temores a Amy, su esposa. Sólo empezó a buscar un nuevo empleo con la esperanza de encontrar algo antes de perder el actual porque quería evitarle a Amy la preocupación de pensar de dónde sacarían ingresos para vivir.

Seguramente ya imaginaste lo que sucedió. Mike perdió el empleo y se lo ocultó a Amy, así que, mientras ella creía que estaba trabajando, él, de hecho, estaba buscando un empleo. Ah, y también comenzó a pasar buena parte del día ahogando sus penas en bares.

Amy sospechó que había un problema porque su esposo lucía preocupado; además, empezó a notar su aliento alcohólico entre semana. Finalmente, tras recibir una advertencia sobre la falta de pago de su mensualidad del auto, lo presionó para que respondiera algunas preguntas.

Y sólo entonces Mike admitió lo que sucedía. Llevaba semanas sin recibir su cheque de nómina y empezaba a retrasarse en los pagos de facturas pendientes. Naturalmente, Amy se enojó muchísimo, mas no por las razones que Mike esperaba o alcanzaba a comprender. Él se había enfocado en mantenerse a flote en el aspecto financiero y en proteger a Amy de la ansiedad; ella, en cambio, estaba preocupada por la relación.

Desde la perspectiva de Amy, el problema económico era temporal pero la relación era irremplazable. Mike debió confiar en ella lo suficiente para contarle lo que sucedía. Además, le dijo, si él le hubiera advertido lo que pasaba, ella habría podido ayudar con facilidad a enfrentar el descalabro económico. Mike se justificó diciendo que sólo trató de ser un buen proveedor.

Esa noche, antes de terminar la conversación, Mike salió de casa con un gran estruendo. Parecía enojado pero, en el fondo —y por razones que en ese momento no podía articular—, más bien se sentía herido.

Esta situación puede provocar la ruptura de una relación, pero no te preocupes por Mike y Amy porque, afortunadamente, su historia tuvo un final feliz que te contaré más adelante.

Un libro sobre Hombres buenos

¿Qué provoca que, en cuanto surge un problema, un hombre bien intencionado como Mike se desvincule de la relación en lugar de acercarse a su pareja para pedirle ayuda? Y ya entrados en el tema, ¿qué obliga a los hombres a ser tan competitivos entre sí?; ¿a ridiculizarse a sí mismos para impresionar a las mujeres?; ¿a transformarse, después de algunos años de matrimonio, en papas deprimidas y arraigadas al sofá?; ¿a hacer cualquiera de esas otras cosas inexplicables en las relaciones?; ¿qué diablos pasa en la mente masculina?

Este libro es para cualquier mujer interesada en saber cómo operan los hombres en las relaciones. Si estás leyéndolo, lo más probable es que lo hagas con un hombre en particular en mente, un hombre al que te gustaría entender más. Y quizá te preguntes si esta información te resultará útil y de verdad te ayudará a mejorar tu relación.

Ahora bien, un libro de este tipo tiene un problema inherente: el hombre en el que piensas es un individuo único, no un promedio estadístico; por eso, lo que haces es un poco como comprar un libro llamado *Cómo funcionan los automóviles*, para darle mantenimiento a un Lamborghini Miura 1972.

Bien, de acuerdo, tal vez tu hombre no sea tan acelerado, pero creo que me entiendes (y si puedes identificar un Miura entre varios autos, ¡mis respetos!). Lo que quiero decir es que el hombre en quien piensas es un individuo, y lo que yo te ofrezco son generalizaciones.

Las generalizaciones son desagradables, y con razón. Mientras escribía el libro, cientos de hombres y mujeres participaron en una encuesta en que les pedí compartir sus pensamientos y me dijeran a qué sexo pertenecían. Algunos se sintieron obligados a empezar sus respuestas con la frase: "No me gusta generalizar, pero..." Y debes saber que es muy sabio titubear en este sentido porque, en las relaciones, lo particular es más importante que lo general. No sé, imagina a una mujer que le dice a su esposo: "Cariño, no entiendo por qué tienes problemas con la disfunción eréctil si la mayoría de los hombres no pasa por esto."

¿Se te ocurre otra manera más eficaz para agravar la situación? A mí no. Ése es el problema con las generalizaciones, que como no aplican con precisión en cada individuo, pueden empeorar las cosas. Por esta razón, lo plural en un libro como éste importa mucho menos que los rasgos individuales. A la mayoría de los hombres le encantan los automóviles, pero si a tu hombre no, entonces el dato resulta irrelevante.

Hay, sin embargo, algunas generalizaciones válidas y útiles. Los hombres y las mujeres, por ejemplo, poseen distintos niveles de andrógenos (que con frecuencia se llaman hormonas masculinas). Estos niveles hormonales afectan aspectos como aptitudes mecánicas, estado de ánimo, eficacia cardiovascular, velocidad, resistencia, masa muscular, agresividad y tendencia a rascarse en público. Aunque esto no significa que no haya mujeres más fuertes que algunos hombres, sí contradice la noción *hippy* de la década de los sesenta que sugería que los cerebros de los hombres y las mujeres eran idénticos.

Esto me lleva a la segunda razón del por qué las generalizaciones pueden resultar desagradables: aceptar diferencias trae consigo el temor de que un género sea superior al otro. Me parece que es una de las razones por las que tanta gente respalda la antigua idea de que hombres y mujeres son idénticos en esencia. Aunque, si los hombres son más fuertes, tal vez eso signifique que son mejores; y si las mujeres son más empáticas, quizá signifique que son superiores a los hombres.

Pero en este libro las cosas no son así. Me parece que es mucho más preciso y útil pensar que hombres y mujeres son diferentes pero iguales, y poseen fortalezas y debilidades que se complementan de una manera maravillosa y perfecta.

Ésta es mi postura, y también lo es de la psicología evolutiva: los cuerpos masculino y femenino son casi idénticos, excepto por las diferencias que surgieron a partir de sus distintas tareas reproductivas. Sucede lo mismo con nuestras mentes; son iguales en esencia pero difieren debido a nuestras tareas reproductivas, capacidades físicas, y a la necesidad de ambos géneros de relacionarse entre sí. No mejores ni peores, sólo diferentes.

En mi a veces romántica visión, estas diferencias resultan asombrosas y deben celebrarse porque hacen que valga la pena vivir.

Ahora que sabes cuál es mi postura, ¡comencemos con las generalizaciones! La primera y más importante es que éste es un libro sobre hombres *buenos;* y seré muy necio respecto a este término porque los patrones de pensamiento y las motivaciones que discutiré, aplican a hombres maduros que, en general, son íntegros y sólidos.

Con esto no afirmo que todos los hombres buenos piensen de la misma manera, sino que comparten características básicas como el deseo de cuidar a quienes los rodean o de ser lo más eficaces que sea posible en sus actividades profesionales.

Los hombres inmaduros o de poco carácter —así como otros que quizá son buenos pero, por el momento, no pueden conducirse de una manera respetable—, se enfrentan a distintos desafíos. En este libro hay muy poca información aplicable a hombres abusivos, adictos, deshonestos, o conectados a una consola de videojuegos en el sótano de la casa de su madre. Debo decir que éstos no son necesariamente hombres malos, pero no hablaré de ellos. Me enfocaré en un nivel superior de motivación y pensamiento masculino; por lo que, si esperas mejorar tu relación con un buen hombre, *Cómo piensan los hombres* debería ofrecerte reflexiones bastante útiles.

¿Quién escribió este libro?

Para este momento seguramente ya te preguntas quién diablos me creo para escribir un libro sobre hombres buenos. Bien, pues fui un chico típico con problemas típicos. Cuando era niño me gustaba trepar árboles y jugar con fuego. Mis amigos y yo construíamos cosas, las derribábamos y volvíamos a construir. Yo me sentía lleno de energía; siempre estaba distraído, y tenía problemas con la autoridad. Tuve la suerte de pasar mis años formativos acarreando cervezas, lavando platos y fregando pisos en el bar de mi padre; ahí vi a hombres maduros hacer cosas buenas, y también malas.

Ahora, después de todos estos años, podría decir que soy un hombre bastante típico: puedo colgar paneles de yeso, remplazar pastillas de frenos y cablear un interruptor de tres puntos. Sigo teniendo dificultades con la autoridad y presento los típicos problemas masculinos en mis relaciones: pregúntenle a mi esposa. Ah, ¿y mencioné que puedo con treinta kilos en levantamiento de pesas de banco plano? Impresionante, ¿no? (bueno, quizá podría levantar todo ese peso si no hubiera caído en mí la maldición de estos bracitos larguiruchos de psicólogo).

Y también soy psicólogo, trabajo con parejas, y me fascinan las maneras en que hombres y mujeres se complementan y contradicen. Escribí este libro para atender problemas típicos de las relaciones que tienen que ver con la forma en que los hombres piensan y actúan con sus parejas. Si con él llegara a mejorar el entendimiento entre los géneros y a infundir un poquito de tranquilidad en algunos hogares, sentiría que cumplió con su cometido. Porque claro, como hombre típico que soy, siempre trato de hacer un buen trabajo.

Qué esperar

Antes de hablar sobre lo que se puede esperar de este libro, mencionaré lo que *no* se debe esperar. No te dará consejos sobre cómo cambiar la naturaleza de un hombre ni te propondrá cambiar tu propia naturaleza para estar acorde con él, porque nada de ello es necesario. Aquí tampoco encontrarás disculpas por los rasgos masculinos ni excusas por el mal comportamiento de los hombres (el mal comportamiento se menciona ocasionalmente porque no debe ser tolerado, pero a veces es difícil reconocerlo). Pero sí me enfocaré en generar armonía entre los géneros, aceptar nuestras diferencias y disfrutar de relaciones más plenas.

La Primera parte del libro expone algunos aspectos importantes que motivan a los hombres. Hablaré sobre cómo piensan y por qué se comportan en sus relaciones como lo hacen. Digamos que será el capítulo equivalente a "Cómo funcionan los automóviles". Si alguna vez te preguntaste por qué los hombres hacen cosas como abandonar los cariñosos brazos de su familia para enfrentar las frías exigencias de la oficina, continúa leyendo. En esta primera parte también encontrarás bastantes consejos útiles.

En las partes 2 y 3, entraré al plato fuerte: cómo mejorar las relaciones con los hombres. Hablaré sobre la manera de que un hombre realmente te escuche, y evitar los errores más comunes al tratar de comunicarse con nosotros.

Notarás que al final de casi todos los capítulos hay una breve sección intitulada "Para el hombre de tu vida". La incluí por si el hombre específico que tienes en mente, llegara a hojear el libro en busca de fórmulas para que la vida sea más sencilla, como es tan típico del género masculino. Si eres mujer, ¡no puedes leer esta sección bajo ninguna circunstancia!

¡Jajaja! Es una broma. De hecho, quizás encuentres esta sección muy interesante. Tal vez te ayude a iniciar conversaciones sobre temas que los hombres rara vez discuten con las mujeres. Vaya, espero que el libro en general sea fuente de muchas conversaciones amenas entre tú y tu pareja.

Ahora bien, hay un par de cosas que asimismo puedes esperar.

La primera se relaciona con la encuesta no científica que realicé al escribir el libro, mencionada con anterioridad. Aproveché Internet para preguntar a las mujeres qué deseaban entender acerca de los hombres; y a los hombres, lo que querían que las mujeres comprendieran sobre ellos.

Para mi sorpresa, cientos de hombres respondieron a las preguntas de la encuesta, y también participaron muchas más mujeres de las que esperaba. Encontrarás varios de sus comentarios a lo largo del libro, y verás que algunos son críticos y otros elogiosos. No obstante, ninguna participación se editó para ser incluida, y todas provienen directamente de la fuente original.

La segunda, las historias y anécdotas de varias parejas. Las elegidas porque sus problemas, fortalezas y patrones de relación ilustran muy bien lo que sucede cuando una mujer decide salir o casarse con un buen hombre. Y hablando de estos casos de estudio, por cierto...

¿Qué sucedió con Mike y Amy?

Cuando dejamos a Mike y Amy, él salió intempestivamente de la casa a media discusión; se sentía herido pero no sabía por qué. Amy estaba desmotivada respecto a la relación porque tenía la impresión de que Mike no la amaba lo suficiente para confiar en ella y pedirle ayuda.

Escogí esta historia porque la naturaleza masculina de Mike —su *buena* naturaleza masculina—, fue la raíz de sus dificultades. Él sólo quería ser una pareja eficaz, y tenía temor de sentirse reducido frente a Amy; por eso le ocultó el problema.

Esta pareja, sin embargo, no permitió que su problema arruinara la relación; en lugar de eso, hicieron un par de cosas para evitar en el futuro esos malentendidos. En primer lugar, desarrollaron una comprensión más profunda de sus rasgos individuales. Amy no entendía bien la necesidad de Mike de sentirse orgulloso de sí mismo, pero aceptó que era un asunto tremendamente importante para él. Mike, por su parte, comprendió mejor lo mucho que había lastimado a Amy al apartarse de ella.

En segundo lugar, ambos mejoraron su capacidad para reconocer la verdadera naturaleza de sus reacciones emocionales. Mike se veía enojado cuando salió de casa aquella noche —de hecho, incluso dijo que lo estaba—; sin embargo, detrás de esa veta de ira, en realidad se sentía muy apenado porque, desde su perspectiva, no era capaz de cuidar a su pareja de manera adecuada. (Ésta es una de las cosas que debes saber de nosotros: debemos ganarnos nuestra masculinidad y mantenerla de manera constante, porque creemos que nuestra licencia de virilidad siempre puede ser revocada si dejamos de cumplir nuestras tareas.)

Esta noción de la responsabilidad —la necesidad de ser útiles—, es uno de los primeros temas que enfocará el libro. Muchos hombres me han dicho que a las mujeres les cuesta trabajo entender esto de ellos, y es la causa de toda una serie de problemas entre los sexos.

Pero éste es sólo el comienzo. Tenemos muchos temas que cubrir, así que arrellánate en un cómodo sillón reclinable, abre una cerveza y acompáñame a echar un vistazo al interior de la mente masculina.

Un día en la vida de una mente masculina

Los hombres buenos son diligentes. Quieren ser eficaces en sus vidas, carreras y relaciones. Tienen el deseo de ser dedicados y capaces. Sobre todo, un hombre bueno quiere ser lo más importante del mundo para la mujer de su vida.

Por desgracia, las fortalezas más grandes de la gente suelen contener las semillas de sus batallas más feroces; esto es justamente lo que pasa con el hombre bueno y responsable. Su necesidad de ser eficaz distorsiona la forma en que se ve a sí mismo, a su pareja y a la relación; de hecho, puede convertirse en una fuerza destructiva en el momento en que el hombre descubre que sus lealtades fuera de la relación comienzan a abrumarlo, o cuando las expectativas dentro de la misma, cambian.

A pesar de los peligros que representa, esa misma necesidad de ser eficaz continúa siendo una impactante y legendaria fuerza para promover el bien, ya que le da forma al carácter de los hombres a un nivel profundo. Es de suma importancia entender este concepto.

1. Lo más importante para los hombres

La falta de propósito es algo terrible para la mente masculina. ¿Por qué se deprimen los hombres sin empleo? ¿Por qué los jóvenes se unen a pandillas callejeras y los solteros mueren antes? En mi opinión, se debe en parte a que carecen de un propósito en la vida. Los hombres buenos somos un poco como los perros *collie* de la frontera: ser útiles es nuestra mayor alegría. Por eso la vida de un hombre de este tipo implica un esfuerzo constante por encontrar dirección y significado.

Nosotros hallamos nuestro propósito en muchos lugares —el trabajo, el juego y la camaradería con otros hombres—; sin embargo, nada nos mueve tanto como dedicarnos a una buena mujer. Claro, a veces nos quejamos de las mujeres en nuestra vida, pero incluso estas quejas evidencian el impulso de comprometernos con algo más grande que nosotros mismos. Aquí hay un ejemplo de lo que quiero decir: "Las mujeres dan por hecho que sabemos qué está mal y cómo repararlo cuando, en realidad, 99 por ciento del tiempo no tenemos idea de lo que sucede y ellas no nos explican. Y luego, cuando por fin descubrimos lo que anda mal, ellas no quieren nuestra ayuda, y eso nos hace sentir impotentes para hacerlas felices."

(La anterior es una de las respuestas que recibí en la encuesta de la que hablé; pero hagamos esto: a menos de que yo atribuya una cita a alguien en particular, por favor da por sentado que todas provienen de la encuesta. ¿Trato hecho?)

A primera vista, el hombre que escribió lo anterior está frustrado o enojado, pero la verdad es que tal vez sólo quiere saber lo que las mujeres desean. Al igual que muchos otros individuos, sólo trata de encontrar la manera de realizar su propósito en el mundo. Porque recuerda: en el centro de nuestra masculinidad siempre está presente esa necesidad de tener una meta o propósito.

Es posible que hayas escuchado ese chiste de la mujer que se preocupaba por el futuro hasta que encontró esposo; y del hombre que nunca se preocupaba por el futuro hasta que encontró esposa. Este chiste surge del viejo estereotipo de que las mujeres quieren acorralar a un hombre, mientras ellos sólo quieren andar de juerga y disfrutar de la mayor cantidad posible de mujeres. Y es que todos, incluso la gente con mente científica como los psicólogos evolutivos, están tentados a imaginar a los primeros hombres como mujeriegos que se paseaban por la sabana como peludos Casanovas de la Era de Piedra, mientras las astutas mujeres usaban todo tipo de artimañas para volverlos monógamos por el bienestar de sus hijos.

Es posible que haya algo de verdad en el estereotipo del mujeriego. Cierta evidencia en el ADN sugiere que hace mucho tiempo, la proporción entre los géneros era de, aproximadamente, dos mujeres por cada hombre; tal vez ése era el radio más efectivo de reproducción en dicho punto de la historia (Wilder, Mobasher y Hammer, 2004). Esta misma evidencia, sin embargo, indica que en la época de Pedro Picapiedra, la mayoría de las mujeres tenían bebés; ello significa que quizá había un poco de poliginia (término técnico para la costumbre de un hombre de tener varias mujeres).

Pero esto no quiere decir que los hombres no amaran a mujeres específicas y se comprometieran con ellas. De hecho, la noción de que los hombres evitan las relaciones de largo plazo que los comprometen, parece ser bastante incorrecta, ahora como en el pasado.

Las investigaciones sobre la reproducción sugieren que los hombres desean compañeras para toda la vida, tanto como las mujeres quieren una pareja permanente (Buss, 1998). Es posible que a lo largo de la historia los hombres hayan tenido la afición de preocuparse por más de una mujer al mismo tiempo pero, de todas maneras, en lo que se refiere al deseo de mantener la estabilidad en el aspecto romántico, los hombres y las mujeres se parecen bastante.

Necesariamente, hombres y mujeres buscan entablar relaciones comprometidas de manera distinta. Investigaciones realizadas a lo largo de varias décadas demuestran, por ejemplo, que hombres de todas las culturas tienden a enfocarse en el atractivo físico de su pareja, más que las mujeres. Éstas le otorgan más importancia a que su hombre tenga una perspectiva financiera prometedora (Shackeford, Schmitt y Buss, 2005).

Sí, tal vez no sea noticia de último minuto, pero es el factor que hace al género masculino comportarse de maneras no siempre lógicas para la mujer. ¿Por qué? Porque los hombres estamos conscientes de que ustedes buscan muchas cualidades distintas en nosotros, como estabilidad emocional, amabilidad e inteligencia; y a veces nos tropezamos con nuestras propias buenas intenciones cuando tratamos de impresionarlas.

Es triste, pero también nos queda muy claro que, aunque muchas mujeres no conceden mayor calificación a un hombre por sus recursos económicos, los individuos con más medios siempre tienen mayor éxito en el juego del apareamiento, y así ha sido siempre. Aunque ésta no es una reflexión moral enfocada en alguno de los géneros, sólo una verdad histórica, los hombres tenemos muy presente que para competir debemos ofrecer lo más posible en el aspecto económico.

¿Pero qué efecto tiene esto en la psique masculina? De entrada, explica por qué nuestra naturaleza es tan competitiva. Casi todos los hombres tenemos el impulso de trabajar más, tener más y ser mejores que nuestros competidores, porque es lo que ustedes quieren, ¿no es cierto?

No, claro, no es lo que ustedes *siempre* quieren, pero nosotros creemos que sí, y por eso tratamos de serles útiles incesantemente. Por desgracia, nuestro deseo nato de ser competitivos, útiles y dignos de su amor, a veces nos conduce a hacer las cosas menos útiles y gentiles, o incluso las más desagradables. Eso fue lo que le pasó a Sam.

SAM Y TAMARA

Sam siempre fue el niño bueno que hacía todo bien. Sacó buenas calificaciones en la escuela, fue a la universidad correcta y siempre mantenía las llantas bien infladas, como le había enseñado su padre.

A los veintiocho años se casó con Tamara, su novia de toda la vida. Su carrera iba por buen camino e incluso llegó a ser uno de los gerentes más jóvenes de la compañía para la que trabajaba. Se estaba convirtiendo en un empleado devoto y en un buen hombre de familia. A Tamara le fascinaban la estabilidad y la ambición de su marido.

Desde el principio la pareja se embarcó con cuidado en su matrimonio, y hasta hicieron uso de asesoría premarital para definir sus roles conyugales antes de casarse. Resultó que ambos querían un arreglo tradicional: Sam trabajaría y Tamara se quedaría en casa con los niños; como a Sam le iba bien en lo económico, este acuerdo era una opción válida, a diferencia de lo que sucede con muchas otras parejas en nuestros días. Después de dos años de casados, Tamara abandonó de buena gana su carrera de fisioterapeuta y se preparó para el nacimiento de su primer hijo.

Las cosas salieron bien al principio, pero como les sucede a muchos padres primerizos, a Sam y a Tamara los tomó desprevenidos la cantidad de trabajo necesario para criar a un hijo. Ninguno previó que dormirían muy poco y carecerían de momentos para sí mismos. Al mismo tiempo, el trabajo de Sam comenzó a implicar mayores exigencias y se volvió más desgastante por las horas que debía dedicarle. El estrés en la oficina y la casa, de pronto provocó que los resentimientos entre la pareja comenzaran a acumularse.

Los rituales nocturnos eran uno de los puntos en disputa porque, para cuando Sam llegaba a casa por la noche, Tamara ya estaba exhausta y daba por hecho que él se haría cargo del bebé el resto de la noche. Al mismo tiempo, las exigencias del trabajo de Sam empezaban a pasarle factura; a veces llegaba a casa tras prolongadas y estresantes jornadas que lo dejaban tan agotado que no podía cuidar bien a su hijo Jake ni tenerle paciencia.

Sam sentía que había llegado a un punto muerto. Sabía que Tamara necesitaba su ayuda, y quería dar lo mejor de sí, pero la tensión iba en aumento y él solo dedujo que su esposa estaba cada vez más desilusionada. También tenía claro que no podía afectar su trabajo, porque eso mermaría los ingresos de la pareja y añadiría más presión en el hogar. Necesitaba su trabajo para mantener la estabilidad.

De cierta manera, su familia se transformaba poco a poco en una amenaza para el empleo que le proveía alimento y techo, y el empleo en una amenaza para esa familia que lo obligaba a conservar su trabajo.

Los hombres somos capaces de desarrollar una lógica binaria en situaciones semejantes: si las dos circunstancias son mutuamente exclusivas, atenderemos la que ejerce mayor presión. Sam creyó que debía elegir entre hacer enojar a su esposa o a su jefe, y supuso que la familia podría sobrevivir con mayor facilidad a una esposa insatisfecha, que a un jefe iracundo.

Tamara, efectivamente, estaba cada vez más irritada. Empezó a criticar a Sam por no estar disponible y se preocupaba porque le parecía que Jake no convivía con su padre lo suficiente. Se sentía sola y deseaba una pareja más que a alguien que sólo trajera un cheque a casa.

La reacción de Sam ante la frustración de Tamara fue evitar las discusiones, como el niño que oculta la boleta con malas calificaciones y empeora el efecto. Para evitar los conflictos pasó más tiempo en la oficina porque, al menos, eso aumentaba sus ingresos. Sam suponía que más dinero disminuiría la infelicidad de Tamara.

Su mayor error —un error que, por cierto, es muy común entre los hombres buenos—, fue ocultarle el problema a su esposa y a todos, pensaba que si hablaba de ello, parecería que se quejaba: *Soy un hombre, maldita sea. Yo metí a mi esposa e hijo en este aprieto y vamos salir de él.* Empezó a dedicarle más tiempo y esfuerzo a su trabajo para alcanzar en poco tiempo un nivel de éxito que le permitiera mantener sus ingresos y también pasar más tiempo en casa.

Pero estaba siendo demasiado ingenuo; entre más horas dedicaba al trabajo, más le exigía éste y, en consecuencia, pasaba menos tiempo en su hogar. Conforme el descontento de Tamara crecía, el trabajo se convirtió cada vez más en un escape; la oficina se volvió un lugar al que podía huir del ambiente hogareño donde se sentía ineficaz y subestimado. En privado, sin embargo, se preguntaba si había tomado la decisión correcta al comprometerse de esa manera con el trabajo; no quería ser indeciso ni ambivalente.

Aunque Sam proporcionaba bastante seguridad a su familia, ni él ni su esposa eran felices. Tamara se preguntaba dónde había quedado el esposo bueno y responsable, y Sam cada vez resentía más que Tamara no apreciara su arduo trabajo y dedicación.

"Soy mis responsabilidades"

¿Qué podría provocar que un hombre responsable como Sam abandonara a una familia unida para refugiarse en una oficina fría e inflexible? En pocas palabras, sintió que debía encontrar el equilibrio entre dos actividades excluyemtes entre sí. Creyó que no podría mantener feliz a su esposa y a su jefe al mismo tiempo, así que tomó la decisión de hacer lo que causara el menor daño posible. Por desgracia, tenía una perspectiva retorcida que, de hecho, era un poco egoísta a final de cuentas. Sam llegó a *sentir* que era diligente cuando, en realidad, su sentido de la responsabilidad lo obligaba a ignorar a la gente que deseaba proteger.

El problema comenzó cuando decidió sobrellevar el peso con el típico estoicismo masculino. Actuó por instinto y el instinto le indicó que trabajara con más ahínco; esto hizo feliz a su jefe, y él obtuvo la satisfacción de hacer algo que beneficiaría a su familia a pesar de la molesta sensación de incertidumbre sobre si seguía el camino correcto. Los hombres buenos tienden a esta falta de visión.

Su decisión pudo tomarse bajo la idea de que los hombres llegamos al mundo con una mentalidad grupal y orientación al deber. Nuestros colegas son importantes porque inexorablemente se vinculan con nuestra supervivencia, así que, presionados, a veces les damos preferencia por encima de otras personas, y eso incluye a nuestra familia. Este peculiar rasgo de la lógica masculina, sin embargo, tiene su razón de ser: al dedicarnos a lo que nos provee recursos, en realidad nos comprometemos con quienes amamos —aunque de manera indirecta—, porque el progreso beneficia su supervivencia.

Sea lógico o no, todo indica que este comportamiento es natural en los hombres. Las investigaciones sugieren que nacemos con una mentalidad de equipo más fuerte que las mujeres. Los hombres, por ejemplo, cooperamos mucho más que ellas cuando nuestro grupo compite con otros. A su vez, la colaboración entre las mujeres prácticamente no se afecta por la competencia intergrupal (Van Vugt, De Cremer y Janssen, 2007). Los investigadores incluso descubrieron que el sudor masculino contiene una feromona que incrementa la cooperación entre los hombres y —aunque contra lo que uno podría esperar—, se encontró que los altos niveles de testosterona también tienen este propósito (Huovaa y Rantala, 2013).

Lo anterior no significa que las mujeres no cooperen entre sí, pero parece que los hombres están cableados físicamente para enfrentar los desafíos en equipo, excepto en el caso de concursos de guitarra de aire y mayor cantidad de hot dogs comidos, porque ambos deportes son estrictamente individuales. (En el capítulo 4 retomaré el tema del concepto masculino del trabajo en equipo y cómo afecta las relaciones íntimas).

Cuando un hombre como Sam debe elegir entre cumplir con la obligación hacia otro individuo (en este caso, su esposa), y el equipo de su lugar de trabajo, se enfrenta a una decisión bastante difícil. En lugar de sentirse atraído por la intimidad, Sam buscó la solución que, según él, eliminaba el mayor número de problemas. Creyó que al dedicarse a la gente fuera de casa, lograría varios objetivos al mismo tiempo:

- Mantener una buena posición en su equipo de trabajo e incrementar la seguridad de su familia.
- Cumplir con el compromiso de poner pan en la mesa para su familia.
- No obstaculizar las labores de su esposa y, así, reducir los conflictos con ella.
- Desempeñarse como hombre eficaz y hacer aquello en lo que era competente.

La mayoría de los hombres están conscientes de los sacrificios aunque éstos no les agraden. Sam se distanció de su esposa y de su hijo intentando encontrar la solución más apropiada. Los hombres en su posición con frecuencia sienten que enfrentan una fría ecuación emocional en la que ser decidido y eficaz, forzosamente afectará a alguien más. Si esto es cierto, o sólo una percepción distorsionada, de todas maneras resulta una carga muy pesada.

Como llamarle al problema

Uno de los errores de Sam fue no pensar en otras opciones. Los hombres buenos adelantamos nuestros deberes, pero a veces carecemos de la capacidad de elegir lo mejor para nosotros o para aquellos con quienes nos hemos comprometido. Esto se debe en parte a que, con frecuencia, no nombramos los problemas. El estoicismo masculino nos impide hacerlo y, esto, a su vez, reconocer las opciones.

Paul Giblin, doctor en psicología e investigador del matrimonio y la espiritualidad masculina, señala que a los hombres les cuesta más trabajo que a las mujeres vincular sus experiencias internas con las palabras; y también tienen más dificultad para entender y aplicar sus pensamientos, sentimientos y valores del compromiso (2011). Al igual que Sam, muchos no estamos acostumbrados a resolver conflictos emocionales.

Giblin descubrió que, con frecuencia, los hombres desarrollan una culpa profunda después de hacer una promesa, o se sienten restringidos por compromisos que no deseaban. Esto sucede porque antes de tomar una decisión, no ponemos nombre a nuestras emociones ni pensamos bien en ellas.

No puedo decir si Sam eligió incorrectamente, pero al parecer perdió la noción de sus alternativas, y la decisión de enfocarse cada vez más en su trabajo, fue injusta para Tamara. En el fondo, sí se dio cuenta de que sólo agravaba el problema, pero el estoicismo le impidió buscar un punto intermedio para satisfacer a Tamara y a su jefe. Su sentido de la responsabilidad empeoró la situación, pero si tú preguntas a cualquier hombre bueno cuál es su definición de hombría, lo más probable es que intercale la palabra "responsabilidad" en su respuesta. En gran medida, los hombres sólo nos vemos como miembros de grupos que deben cumplir un objetivo y, por ello, muchos sobrepasamos nuestros compromisos. La responsabilidad y el servicio son la fuerza motriz de los hombres buenos pero, como la experiencia de Sam lo indica, el deseo de ser responsables afecta nuestra visión.

"Soy mi estatus"

Una mujer que contestó mi encuesta en Internet dijo que no entendía "el lenguaje corporal entre los hombres que establece con bastante rapidez el rango de un individuo dentro de la manada". Digamos que no entendía cómo podíamos "medir el valor de un hombre" con tanta agilidad, ni por qué siempre queríamos competir por el puesto del mandamás.

A pesar de no comprender estos comportamientos masculinos, las observaciones de la encuestada fueron muy acertadas: los hombres competimos y comparamos. La búsqueda y la medición del estatus parece una tarea permanente del género masculino: desde el ambiente del futbol de barriada, hasta la oficina y más allá. Para nosotros a veces la vida es como una interminable entrevista de trabajo.

En ocasiones nos facilitamos esta labor de juzgar el estatus con, por ejemplo, el uso de rangos y condecoraciones en los uniformes militares —aunque las mujeres también usan uniformes, esta práctica es más bien reciente en el desarrollo de la historia humana—; pero incluso sin indicadores de rangos, los hombres somos muy sofisticados para juzgar nuestro estatus y compararlo con el de otros miembros del género masculino.

Cómo piensan los hombres

"Creo que a las mujeres se les dificulta entender lo que nos obliga a los hombres a trabajar tanto como lo hacemos. Mi motivación es el anhelo de dejar un legado."

La evaluación del rango toma en cuenta incluso el contexto; es decir, el mismo hombre puede ser dominante en un entorno pero sumiso en otro. Cuando el contexto lo exige, los hombres cambiamos de papel sin parpadear y, naturalmente, los más atentos y sensibles al estatus, tienen más qué perder en el concurso del dominio (Watkins y Jones, 2012).

A pesar de que son conceptos muy distintos, los hombres respondemos al dominio físico y social de manera parecida (Watkins y Jones, 2012), y esto nos brinda la posibilidad de establecer nuestra hegemonía sin violencia, ya que perder una discusión afecta la percepción de nuestra preponderancia, de la misma manera que cuando perdemos una pelea. Los hombres que recientemente perdieron en conflictos sociales no violentos, son más sensibles a los indicios de dominio de los otros; esto ilustra lo importante que es la jerarquía para el género masculino, y forma parte de comportamientos que nos ayudan a establecer la pirámide de preponderancia de manera pacífica.

Pero eso no es todo: también observamos muy de cerca la competencia entre otros hombres. Constantemente nos juzgamos y volvemos a calibrar nuestra posición; y tal vez por eso parece que nos obsesiona el estatus. Una de las grandes ventajas de esta constante valoración interna es el grado al que reduce los conflictos. Si un hombre pertenece a un grupo y supervisa su propio estatus y desempeño de modo permanente, los demás no tienen que mantenerlo a raya; así que, cualquiera que afirme que los hombres no cooperamos, no nos ha observado con mucho detenimiento.

La pregunta, sin embargo, continúa sin respuesta: ¿Por qué a los hombres les preocupa tanto el estatus?

La respuesta más sencilla tiene algo de verdad: los hombres de mayor nivel son más atractivos para las mujeres. Incluso los adolescentes que se unen a pandillas —una de las maneras más rápidas de adquirir estatus—, resultan más atractivos para las adolescentes y tienen más parejas sexuales que los chicos que no pertenecen a estas agrupaciones (Palmer y Tilly, 1995).

En gran medida, el estatus importa a los hombres porque es fundamental para las mujeres, y los investigadores lo demostraron en un experimento cuidadosamente controlado (Guéguen y Lamy, 2012). Para poner a prueba esta noción, colocaron a hombres en automóviles costosos y les dieron instrucciones de acercarse a mujeres y pedirles sus números telefónicos. Luego hicieron que los hombres realizaran la misma tarea, pero en automóviles de mediano y bajo costo.

¿Cuál fue el resultado? Cuando las mujeres los vieron en automóviles costosos, los hombres tuvieron un éxito de 23.3 por ciento; 12.8 cuando los vieron en automóviles de mediano estatus, y 7.8 cuando los vehículos eran de bajo costo. Evidentemente, las mujeres supervisan nuestro nivel, y nosotros somos muy conscientes de ello.

Sin embargo, impresionar mujeres es tan sólo parte de por qué nos obsesionamos con el estatus. Nuestra conciencia de este aspecto también mantiene buenas relaciones con otros hombres. El estatus es una extensión de nuestro deber y juega un papel en su definición. Nuestra preocupación por el estatus también disminuye el conflicto, aumenta la eficacia, y nos hace más cooperativos (McIntyre et al., 2011).

La búsqueda masculina de estatus puede ser una fuente de frustración para las mujeres a las que les cuesta trabajo vivir con ella, o no necesitan que sus hombres sean millonarios o presidentes. Sin embargo, este comportamiento nos mantiene en buenos términos con otros hombres y con las mujeres porque nos obliga a supervisar nuestra manera de actuar. Si nuestra preocupación por el estatus te resulta molesta o frustrante, sólo imagina de qué maneras podríamos actuar si no la tuviéramos.

La importancia de ser eficaz

Cuando Sam tuvo el problema en su relación con Tamara, se alejó de ella y se refugió en el trabajo; seguramente tú crees que no fue un comportamiento muy masculino porque los hombres deben enfrentar sus problemas, ¿no es cierto?

De acuerdo, la gente debería hacer muchas cosas, pero cuando está estresada, siempre recurre a antiguas y confiables estrategias. En el caso de los hombres, a veces eso significa confiar en el estatus y en los sistemas de responsabilidad que los hacen sentir más cómodos porque, en general, a todos nos gusta actuar como mejor sabemos hacerlo.

Imagina una empresa que trastabilla a punto de fracasar. El vendedor culparía al sistema de mercadotecnia; el contador observaría los problemas contables, y el gerente vería una administración deficiente; pero si la gente no se fuerza a dar un paso atrás y ver el panorama completo del sistema, siempre definirá los problemas de acuerdo con la única perspectiva que conoce.

Cómo piensan los hombres

"Creo que las mujeres nunca entienden por completo lo mucho que necesitamos ser útiles."

Cuando Sam —un hombre bueno y diligente—, tuvo problemas en su matrimonio, nunca dio un paso atrás para examinar el conflicto a un nivel sistémico. Estaba vagamente consciente de que, entre más trabajaba, más hacía enojar a Tamara; sin embargo, creía que si lograba pasar el bache, todo estaría bien. Por desgracia, de pronto fue como si estuviera hundiéndose en arenas movedizas. A medida que la relación se volvía más incómoda, se sintió más obligado a utilizar sus antiguas y confiables estrategias de estatus y responsabilidad, y eso sólo empeoró la situación.

Los problemas de Sam comenzaron con algo de lo que hablaré bastante: su necesidad de ser eficaz. Él quería ser lo más importante en el mundo para su esposa y su familia, pero la estrategia provocó discordia, y su caso resultó más triste e irónico.

La necesidad de Sam de ser eficaz, es típica de los hombres. Esto es lo que nos dicen algunos de ellos al respecto:

- "¡Nos encanta ayudarte! En serio. Nos sirve para confiar en nuestro valor como hombres. Tus deseos son órdenes. Nos encanta que dependas de nosotros."

- "Que una mujer se enorgullezca de ti porque hiciste algo bien, es un sentimiento maravilloso. A mí no me importa trabajar doce horas diarias pero, como los perritos, también aprecio que al final me hagan cariñitos y me digan 'Buen chico'... A veces todavía me molesta pensar en lo mucho que necesito la aprobación de mi esposa a pesar de tener éxito en el trabajo y en otros ámbitos."

- "¿Qué es lo que más me gusta? La forma en que ella me mira cuando algo que hago o digo, la impresiona."

Incluso un chico de diecisiete años que respondió a la encuesta, tenía el anhelo de ser útil y eficaz (aunque tal vez necesite perfeccionar su visión ruda y paternalista): "Me gustan las chicas que, desde mi punto de vista, necesitan protección, las que puedo cuidar." Para los hombres es vital tener un propósito. La desventaja es que, con frecuencia, muchos buscamos que nos repitan lo eficaces que somos. Siempre andamos pescando halagos aunque, lo sé, a veces resulta molesto. Una mujer lo definió de la siguiente manera: "¿Por qué los hombres necesitan tanta motivación? ¿Acaso, 'Gracias, lo que hiciste fue genial', no es suficiente? ¿Por qué debemos inflar globos y vitorear hasta el logro más diminuto? ¡Vamos! ¡Es aburrido!".

¿Por qué necesitamos tanto aprecio? Porque vivimos con el objetivo de ser útiles para ustedes. Queremos ser eficaces. A los hombres buenos nos da la impresión de que no somos nada sin las mujeres, y por eso competimos por obtener su atención. Ésta es la razón de esforzarnos tanto, y de creer que la eficacia es fundamental. Es la causa de que hombres como Sam caigan de cabeza en la trampa. En principio es difícil sentir simpatía por nuestro protagonista porque él mismo provocó sus problemas: en lugar de comunicarse, se retiró; puso su trabajo por encima de su familia y tomó decisiones unilaterales. En pocas palabras, se fue al lado oscuro de la motivación masculina que se enfoca en la eficacia.

Asegúrate de que él tenga una manera de ganar

Una de las quejas más comunes de hombres cuyas relaciones están en graves aprietos, es: "Nunca se puede ganar con ella. Mal si hago algo, mal si no lo hago."

Cuando los hombres sienten que no tienen manera de ser eficientes en una relación, cuando todo lo que hacen resulta mal, es común que dejen de esforzarse. Y en cuanto la apatía se propaga, será muy difícil arreglar la relación.

Es muy sencillo que las parejas caigan en esta trampa. Una mujer se quejaba todo el tiempo de que su esposo no hablaba con ella con la frecuencia necesaria, pero luego él explica que, cada vez que iniciaba una conversación, ella aprovechaba la oportunidad para criticar su comportamiento. De pronto se dio cuenta de que, si hablaba con su esposa, se metía en problemas; y si no lo hacía, también. La relación, por supuesto, no prosperó.

Si el hombre de tu vida empieza a quejarse de que no tiene manera de ganar, será mejor que escuches la advertencia (en el capítulo 9 hablaré sobre qué hacer en esos casos). En cuanto él sienta que ya no es eficaz en la relación, quizá renuncie a ella; no dejes que eso suceda. Asegúrate de que tu hombre encuentre la manera de complacerte y sepa bien cómo hacerlo.

Todo tiene que ver contigo

Comencé este libro hablando de responsabilidad, estatus y deber porque, con frecuencia, estos factores son fuente de conflictos en las relaciones. Los hombres buenos necesitamos un propósito, y por eso las mujeres son tan importantes para nosotros. Un hombre bueno quiere ser lo más relevante del mundo para su pareja, y su devoción no sólo tiene que ver con el sexo.

Ya sé qué estás pensando. ¿En serio?

Sí, en serio. Continúa leyendo.

Para el hombre de tu vida:

¿Qué le pasó a la mujer que amas?

He escuchado a muchos hombres quejarse de que sus esposas o novias se convirtieron en amargadas profesionales: "No importa qué haga" dicen los afectados, "ella nunca es feliz. ¿En qué momento se volvió tan fastidiosa?"

Este capítulo comenzó con la historia de Sam, hombre casado que de pronto se sintió entre la espada y la pared: creyó que debía elegir entre su trabajo y su familia. Su trabajo le exigía mucho; Tamara, su esposa, se sintió cada vez más infeliz durante los primeros años de matrimonio.

Conforme las tensiones en casa se acumularon, Tamara empezó a quejarse cada vez más y más de que Sam no era el marido que ella esperaba. Llegó a decir que había roto su promesa de ser una pareja y un padre dedicado. Sam argumentó que sólo trataba de ser un buen proveedor y, efectivamente, siempre traía a casa un buen cheque; por eso se preguntaba por qué Tamara se quejaba, si él se esforzaba por proveerle lo necesario para la familia.

La verdad es que a Sam le costaba trabajo equilibrar el trabajo y el hogar. Cometió un error al enfocarse en las necesidades económicas y descuidar las emocionales. Tenía buenas intenciones pero rompió su promesa de estar presente como pareja y padre.

Los individuos en la situación de Sam suelen cometer la equivocación de no pedir ayuda. Intentan ser superhombres y resolver los problemas por sí solos, pero a veces esto empeora las cosas.

En este capítulo recomendé a las mujeres no colocar a sus hombres en situaciones en que ellos nunca saldrán beneficiados. Por ejemplo, la esposa de Sam estaba inconforme cuando él no estaba en casa, pero cuando sí estaba, no dejaba de criticarlo. Siempre estaba en aprietos sin importar qué hiciera. Por eso los hombres se quejan con frecuencia de que las mujeres prefieren castigar en lugar de ofrecer un respaldo positivo.

El respaldo positivo sólo funciona, sin embargo, cuando los hombres cumplimos de verdad. Si rompemos nuestras promesas, como hizo Sam al abandonar a su familia, colocamos a las mujeres en una situación en que tienen que comportarse como si fueran nuestras madres y, claro, ¿cómo no van a sentirse incómodas?

Sam se habría evitado dolores de cabeza si hubiera hablado con su esposa sobre la dificultad de equilibrar sus responsabilidades; en lugar de eso, se transformó en un soldadito solidario y se propuso traer a casa un cheque mucho más grande con la idea de que eso solucionaría los problemas de la pareja. Pero su elección fue incorrecta, Tamara no quería más dinero, lo quería a él, y con tal de tenerlo, habría cambiado su estilo de vida con gusto.

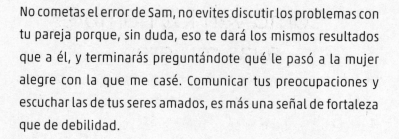

No cometas el error de Sam, no evites discutir los problemas con tu pareja porque, sin duda, eso te dará los mismos resultados que a él, y terminarás preguntándote qué le pasó a la mujer alegre con la que me casé. Comunicar tus preocupaciones y escuchar las de tus seres amados, es más una señal de fortaleza que de debilidad.

2. Cómo ven los hombres a las mujeres

Un buen hombre siempre necesita ser eficaz, pero esto no quiere decir que anhele llegar a ser presidente. En realidad significa que desea saber si, como hombre, puede cumplir con la misión de ser congruente con sus valores y con lo que más le importa.

Los hombres nos evaluamos de acuerdo con nuestra utilidad. Esto quiere decir que necesitamos alguien a quien servir y, ¿adivina qué? Esa persona eres tú. Cuando vemos a las mujeres, casi siempre nos preguntamos de qué manera mejorar sus vidas. Ellas, a su vez, nos dan un punto de referencia para evaluar nuestra eficacia. Digamos que trabajar para obtener su afecto y aprobación, es parte de nuestro ADN.

Un hombre lo explicó de la siguiente manera: "Señoritas, nosotros somos la mitad sacrificable de la especie humana. Fuimos diseñados para vencer a los malos y salvar a los niños. Nosotros somos sus armas, sus perros de ataque; estamos preparados para morir con tal de deshacernos de cualquier peligro que las amenace. En el siglo xx ya no se necesitan tanto estos rasgos, pero son nuestro bagaje. Estamos aquí para resolver sus problemas y, cuando ustedes no requieren de la fuerza de nuestro cuerpo, de nuestro crudo valor o de nuestra estúpida temeridad, nos sentimos perdidos."

Los hombres buenos estamos preparados y dispuestos a servir; en general, para eso nos entrenamos desde muy pequeños. Por eso la promesa de los *Boy Scouts* comienza con la frase: "Haré lo mejor, por mi honor." Es sólo una de las muchas lecciones que nos enseñan a mantenernos fuertes en el aspecto físico, despiertos mentalmente, y conscientes en lo que se refiere a lo moral, con tal de servir a otros.

Cualquier hombre que se esfuerce por ser bueno y decente, tendrá deficiencias de vez en cuando. Sam, del capítulo 1, cometió uno de esos errores: decidir lo que, según él, sería adecuado y útil para servir a su esposa sin pedirle su opinión. (Como habrás podido notar, muchos hombres tienen la idea de que ser competente y eficaz significa nunca pedir asesoría... ¡ni preguntar cómo llegar a un lugar!)

Lo anterior podría indicar que no tenemos gran cosa entre las orejas, o no nos importa lo que sucede a nuestro alrededor; sin embargo, la verdad es que los hombres buenos agonizamos por ser eficaces y tenemos muchas cosas en la cabeza que, claro, tú jamás podrás adivinar si sólo cuentas con nuestro comportamiento como base. El hombre silencioso es un ejemplo clásico de la gran necesidad masculina de ser eficientes. Hablemos de ello.

¿Puede el silencio ser un intento por ser eficaz?

Recordarás que en el capítulo 1 mencioné que a los hombres les cuesta trabajo nombrar sus experiencias internas. Quizá esto no te sorprenda, ya que el silencio es una de las quejas más comunes que tienen ustedes respecto a nosotros. Una mujer preguntó: "¿Por qué cuando surge un problema los hombres se cierran en lugar de comunicarse o establecer contacto? ¿Por qué se guardan pensamientos que son verdaderamente importantes y que sería útil compartir?"

A muchos de nosotros nos enseñaron, desde la niñez, a no comunicarnos; nos dijeron que ser comunicativo era un rasgo femenino, pero hablaré más de esto un poco después. Enfoquémonos por el momento en un aspecto todavía más sutil que con frecuencia pasa inadvertido: nuestro silencio suele reflejar una manera distinta de resolver problemas.

La mayoría de los hombres percibe que sus desacuerdos con las mujeres son experiencias dolorosas. Un hombre lo describió de la siguiente manera: "Queremos tener todas las cartas sobre la mesa para lidiar con el asunto en cuestión y hacerlas a ustedes felices de nuevo. Cuando ustedes se molestan, nosotros también nos sentimos incómodos aunque tratemos de ocultarlo a toda costa."

La última oración del párrafo anterior describe uno de los conceptos más importantes de este capítulo. Por experiencia sé que las mujeres subestiman el efecto que su felicidad tiene en sus parejas. No quiero decir que deberían reprimir su enojo para mantener a los hombres felices, sólo destacar que su bienestar tiene un impacto profundo en nosotros aunque no lo parezca.

La mayoría de los hombres anhela brindar felicidad y alegría a su mujer. ¿Por qué? La respuesta cínica sería que nos sentimos motivados por el sexo, y es cierto, pero hay mucho más que eso.

Sí, queremos dormir con ustedes, pero...

Todos lo hemos escuchado: se dice que los hombres piensan en sexo cada siete segundos; y yo no soy tan tonto para hacerte creer que no nos importa este aspecto. Quizá podría objetar y decir que comida y agua tampoco importan, pero no hay investigaciones que respalden esa estadística de los siete segundos. Se ha realizado muy poca inves-tigación respecto a la cantidad de tiempo que los hombres dedican a pensamientos sexuales, pero un estudio entre universitarios reveló algunos hechos.

En promedio, los hombres piensan en el sexo con más frecuencia que las mujeres, pero no mucho más; asimismo, hay algunas mujeres que piensan en el sexo con más frecuencia que el hombre promedio. La frecuencia con que una persona piensa en el sexo, se puede predecir con mayor precisión si nos basamos en su apertura a este tema, que en el género al que pertenece (Fisher, Moore y Pittenger, 2012).

Pero, por favor, no malentiendas a este estadounidense fogoso: el sexo es importante para los hombres y, sí, nuestra mente suele divagar en esta dirección. Pero cuando actualizamos una chequera o aterrizamos un aeroplano, te puedo asegurar que no pensamos en acostarnos con alguien.

Para algunos hombres el sexo está totalmente relacionado con la conquista. Mucha gente encuentra que, en esta intención de acostarse con todas las mujeres que sea posible, hay un inescrupuloso deseo de comportarse como un donjuán de manera indefinida, pero los hombres con esta actitud, son minoría. Si no fuera así, muy pocos nos casaríamos porque estaríamos demasiado ocupados seduciendo mujeres y no podríamos estar en casa y limpiar las canaletas.

La relación romántica necesita de la intimidad, incluso para los hombres. Podríamos decir que el sexo nos sirve para intimar contigo y servirte, para celebrarte. Creo que esto puede resultar difícil de entender para las mujeres porque ustedes y nosotros tenemos distintas formas de expresar el afecto, e incluso a los hombres buenos se les dificulta abrirse para expresar sus ideas y sentimientos.

La regla del estoicismo

Cameron Gridley, terapeuta sexual y de parejas, de Denver, Colorado, me explicó que uno de los mayores desafíos para los hombres es darse oportunidad de exponerse en el aspecto emocional, y eso incluye hablar sobre sus necesidades y deseos. Muchos hombres funcionan de la siguiente manera: creen que si exponen sus emociones, mostrarán debilidad y se expondrán a críticas, burla o rechazo. Debido a ciertas experiencias sociales —con frecuencia dolorosas—, casi todos creemos que la vulnerabilidad emocional conduce al rechazo. Es común, por ejemplo, que los mismos jóvenes u hombres, ridiculicen o castiguen a los niños que muestran vulnerabilidad emocional.

Este tipo de lecciones no son necesariamente malas, ya que nos enseñan a ser más fuertes y capaces. La desventaja es que a los hombres en general nos cuesta trabajo saber cuándo bajar la guardia. Podría decirse que una experiencia negativa nos afecta demasiado, y por eso ponemos una barrera, incluso cuando sería recomendable mostrar disposición a comunicarnos con nuestra pareja.

Y como no podemos eliminar nuestros sentimientos de golpe, a veces ocultamos una emoción de "debilidad" —como podría ser la tristeza—, detrás de una emoción de "fuerza" —como enojo, humor, e incluso indiferencia—. (A esta emoción sustituta, Cameron Gridley le llama "reacción secundaria", y será el término que utilizaré en el libro.) Las reacciones secundarias son como una máscara que encubre al sentimiento verdadero; pero en general, los hombres no estamos conscientes de ellas: a veces nos las ocultamos incluso a nosotros mismos porque parte de su objetivo es aislarnos del dolor. Para los hombres, uno de los desafíos más importantes en las relaciones es reconocer estas reacciones secundarias, evitar acercarnos a ellas, e identificar las emociones subyacentes.

Te daré un ejemplo típico: un hombre trata de consolar a su pareja pero, como no puede, manifiesta una reacción secundaria como indignación, o se retira. En su interior tal vez esté lastimado y triste porque fue incapaz de ayudar a su pareja a sentirse mejor, pero en lugar de ser suficientemente vulnerable para admitir sus verdaderos sentimientos, decide ocultarlos. De hecho, las parejas terminan discutiendo con frecuencia por reacciones secundarias, como son las retiradas, en lugar de atender lo que en realidad tiene el hombre en mente.

Un hombre, consciente de su tendencia a retirarse, explica su comportamiento de la siguiente manera: "Por lo general, si no hablo es porque estoy herido o irritado. Tengo que articular mis ideas con meticulosidad porque es difícil hacerte saber que algo me duele sin lastimar tus sentimientos."

Cameron Gridley cree que para muchos hombres es tan intolerable ser vulnerables emocionalmente, que esconden sus sentimientos incluso durante la intimidad y el sexo. El terapeuta me dijo que en sus consultas descubrió que la mayoría considera que el sexo es un acto de intimidad más que un momento de simple placer físico; sin embargo, la presión de tener un buen desempeño y el riesgo de ser vulnerables en lo emocional, pueden arruinar este aspecto íntimo. Los hombres se ponen una máscara de estoicismo y eficacia incluso —o tal vez específicamente—, cuando comparten uno de los vínculos más íntimos de la vida.

Esta distancia emocional puede hacer que la mujer se sienta usada y poco apreciada por un hombre cuando, en realidad, él sólo se apega a la premisa del estoicismo masculino: si no te haces vulnerable, no serás lastimado.

Por qué necesitamos impresionarte

Los hombres tratan de impresionar a las mujeres incluso durante la intimidad. Cameron Gridley cree que el deseo de muchos hombres de impresionar en la cama les hace perder la noción de los deseos de su pareja. Éste es uno de incontables ejemplos de la maestría con que muchos hombres se obstaculizan a sí mismos. En una ocasión vi a un joven pararse en su motocicleta en movimiento para impresionar a un grupo de chicas. Al final destrozó la moto y se lastimó sin intervención de nadie.

Quizá has visto algunos diagramas en los que aparece el cerebro de un hombre, y en casi todas las zonas hay etiquetas que dicen "sexo". Estas caricaturas serían más precisas si describieran el cerebro del hombre como un inmenso despacho de publicidad diseñado para ganarse el afecto y la admiración de las mujeres.

El objetivo de impresionarte con nuestra eficacia es tan fundamental para nuestra identidad, que a veces perdemos noción de la realidad. En ocasiones, en lugar de averiguar lo que en verdad quieres, nos extraviamos en lo que *creemos* que deseas. (Quizá uno de los corolarios a la regla del estoicismo es que, entre más nos comunicamos, más descubrimos que cometemos algún error.)

Ahora nos desviaremos un poco para hablar sobre lo que impresiona a las mujeres. Si los estudios citados te han hecho creer que todo tiene que ver con el dinero, te equivocas. En general, para impresionar a una mujer el hombre debe usar su cerebro porque a todas les interesa la inteligencia. Quizá esto no se note en individuos que aparecen en los *talk shows*, pero hace muchísimo tiempo las mujeres llegaron a la conclusión de que los hombres inteligentes eran sexys.

Según un estudio, las mujeres son expertas en detectar rápido la inteligencia de los hombres; quizá lo hacen por medio de un monitoreo subconsciente de rasgos como creatividad y fluidez verbal (Prokosch *et al.*, 2009). La inteligencia puede significar que un hombre será un proveedor eficiente y tiene buenos genes. Si todos los otros rasgos son iguales, los hombres inteligentes de todos modos serán más atractivos que quienes poseen un intelecto promedio o menor.

He mencionado en varias ocasiones que los hombres estaríamos perdidos sin las mujeres, y todo lo que hacemos tiene el objetivo de ganarnos su aprecio e impresionarlas. La película *Star Trek: Primer contacto* me respalda. En el filme, el profesor Zefram Chochrane explica por qué arriesgó su vida para inventar el impulso por deformación ficticio que cambió el curso de la historia: "No construí esta nave para iniciar una nueva era de la humanidad. ¿Creen que quiero viajar a las estrellas? ¡Ni siquiera me gusta volar! Construí esta nave para retirarme a alguna isla tropical repleta de mujeres desnudas." Es un comentario de mal gusto, pero elocuente. Los hombres estamos dispuestos a arriesgar la vida y el sustento con tal de impresionar a las mujeres. Fuimos programados para hacer alarde de nuestra inteligencia y destreza, y a veces eso significa arriesgarnos, incluso si tenemos todo en contra.

Hacemos lo que creemos que quieres

Los hombres sabemos que las mujeres nos observan, por eso queremos impresionarlas. Por desgracia tenemos la idea de que sólo les interesa el hombre perfecto; de acuerdo con algunos investigadores alemanes, en realidad desean algo ligeramente distinto. Un estudio alemán (Baur y Hofmeister, 2008), encontró fuertes discrepancias entre lo que verdaderamente parece atractivo a las mujeres, y lo que los hombres creen que buscan. Tendemos a pensar que a las mujeres sólo les interesan los individuos que tienen todo: atractivo físico, ternura y un montón de dinero. Pero en el estudio mencionado, las mujeres expresaron algo distinto. Sólo 31 por ciento de las participantes otorgó una calificación similar a estos tres rasgos; este porcentaje lo quería todo: atractivo, ternura y riqueza. El otro 69 por ciento, sin embargo, expresó que lo más importante era una combinación de dos de estos factores. Los rasgos masculinos más valorados se relacionaban con los dos primeros elementos (atractivo y ternura), pero no con la riqueza: sentido del humor (que cualquier psicólogo te podrá decir es señal de inteligencia), disposición a pasar tiempo con su pareja, y gusto por los niños. Asimismo, 29 por ciento de las mujeres dijo no estar de acuerdo con la idea de que es importante que un hombre maneje un automóvil costoso, indicador de éxito financiero.

Quizá este último punto aclara un poco por qué los hombres se confunden respecto a lo que las mujeres desean. Como podrás recordar, en el capítulo 1 mencioné un estudio que, al parecer, contradecía a éste porque mostraba que las mujeres estaban más dispuestas a salir con hombres con automóviles que representaban un estatus alto, que con quienes manejaban carcachas (Palmer y Tilly, 1995).

Los paradójicos mensajes que arrojan los estudios científicos son el mismo tipo de contradicciones que los hombres deben conciliar de alguna manera en la vida real. Es posible que la mayoría de los hombres sepa que sólo algunas mujeres valoran demasiado el éxito monetario; por desgracia, no podemos identificar con facilidad ni a simple vista lo que en realidad quieren. Por eso parecería que estamos programados para atraer al mayor número posible de mujeres, y por eso damos por sentado que las mujeres sólo están dispuestas a aceptar al hombre perfecto.

Esta situación nos causa un embrollo mental que quizá tratemos de resolver toda la vida. Es una de las raíces de la psique masculina; es la razón por la que nos comportamos ridículamente cuando tratamos de ganarte, como lo hizo aquel joven de la motocicleta; y también es el motivo por el que, después de haber ganado tu amor, las expectativas nos confunden y frustran.

Si me lo permites, me enfocaré en las estadísticas por un momento y te diré que ganar el afecto de las mujeres está directamente relacionado con el manejo de las equivocaciones. Como mencioné en mi libro anterior, *The User's Guide to the Human Mind* (Smith, 2011), la mente es muy buena para cometer precisamente el tipo de errores que nos mantienen a salvo. Supongamos, por ejemplo, que estás de paseo por el bosque y de pronto escuchas crujidos entre los arbustos. Tu cerebro apostará a que lo que produce el sonido es peligroso. Quizá estés equivocado, pero lo estarás en la dirección adecuada: la dirección segura. Si tu cerebro creyera que el entorno es seguro, el resultado podría ser desastroso; pero equivocarse con una inclinación hacia la seguridad incrementa los comportamientos protectores como quedarse paralizado o huir a toda prisa.

En lo que se refiere a ganar el amor y la admiración de una mujer, la mente masculina participa en un juego de azar parecido. Si eres un individuo que intenta ser atractivo para las mujeres, es lógico que des por hecho que todas exigen un hombre atractivo, tierno y adinerado. Después de todo, casi un tercio de las mujeres del estudio que mencioné admitió preferir a un hombre que lo tuviera todo. Resulta lógico que los hombres se equivoquen y crean esto.

Cómo piensan los hombres

"Las mujeres parecen asumir que sabemos automáticamente lo que quieren, pero no es así. No leemos la mente y nuestras prioridades no son las mismas. Si quieres algo, debes pedirlo. Lo más probable es que estemos felices de complacerte. Me doy cuenta de que esta actitud es social hasta cierto punto, que las mujeres están entrenadas para no depender de los hombres, pero te aseguro que te complaceremos. Y así todos estaremos a gusto."

No obstante, la situación es confusa para los hombres. Un ejemplo: ahondemos en los mensajes contradictorios que recibimos respecto a riqueza y recursos económicos. En un experimento distinto que también involucró automóviles, los investigadores fotografiaron a un hombre en dos vehículos: un costoso Bentley Continental GT plateado y un económico Ford Fiesta rojo. Luego pidieron a las mujeres que calificaran su atractivo (Dunn y Searle, 2010). Aunque el individuo vestía igual en ambas fotografías, las mujeres dijeron que lucía más atractivo con el Bentley que con el Ford. Los investigadores revirtieron el experimento y fotografiaron a una mujer en los mismos automóviles; luego pidieron a un grupo de hombres que evaluaran su atractivo, pero ellos dieron el mismo puntaje con los dos automóviles.

Esto es sumamente confuso para los hombres. Casi todas las mujeres dicen que no les importa el éxito material, lo cual es cierto, sin duda alguna. Sin embargo, suelen asumir que los individuos adinerados son más atractivos. Una vez más, los hombres nos vemos obligados a conciliar esta discrepancia dando por hecho que las mujeres desean tener todo en un solo paquete de perfección masculina.

Este mensaje paradójico tiene un efecto muy profundo en la manera de vernos a nosotros mismos. Solemos juzgarnos de manera imprecisa y, casi siempre, nos equivocamos al inclinarnos por la cautela. Damos por hecho que no valemos lo suficiente, y eso nos lleva a aumentar nuestro atractivo.

Tomemos el atractivo físico como ejemplo. Las mujeres entienden bien lo que atrae a los hombres (Tovée y Cornelissen, 2001); sin embargo, los resultados del estudio alemán que evaluó la importancia de atractivo físico, ternura y riqueza, indican que los hombres se acercan a su propio atractivo físico de la misma manera que al dinero: incluso los más musculosos dan por hecho que las mujeres quieren que sus cuerpos sean todavía mejores. Se trata del mismo antiguo cableado mental; es decir, como no estamos seguros de lo que ustedes quieren, imaginamos que jamás tendremos suficientes cualidades.

Pero incluso cuando las mujeres expresan sus deseos de manera directa, en la mente masculina surge una vocecita que nos pregunta: ¿En serio? ¿Cómo puedes estar seguro de que es honesta? Recuerda que las mujeres callan lo que verdaderamente desean, así que *lo mejor será que te esfuerces más*. Nuestro deseo de complacerte, combinado con la incertidumbre sobre lo que en realidad deseas, nos provoca una prolongada duda que nos hace pensar que jamás seremos suficientemente buenos para ti.

Negocios riesgosos

Hay además otro dato del que los hombres están demasiado conscientes y genera más confusión entre los géneros: las mujeres aprecian más a los individuos que corren riesgos. Una mujer lo explicó así: "Admiro la disposición de un hombre a exponerse. Si la confianza en sí mismo es genuina, el hombre la transmite sin pavonearse, y eso resulta muy sexy."

Pero insisto: aunque los deseos de las mujeres son complejos, estamos programados para satisfacerlos de la mejor manera posible. Esto nos hace correr riesgos al principio de la relación, cuando buscamos impresionarlas, pero el comportamiento se modifica conforme la relación madura.

Los hombres no comprometidos en relaciones suelen correr riesgos porque suponen que las mujeres los admirarán por ello. Los que sí tienen una relación, en contraste, se arriesgan menos. De hecho, entre más comprometidos estén con sus parejas, menos se expondrán (Frankenhuis y Karremans, 2012).

¿Pero, por qué corremos riesgos? Por la misma razón por la que hacemos todo lo demás: para conseguir tu amor. ¡Y funciona! En general, los hombres que se arriesgan más en aspectos recreativo, financiero y social, lo hacen porque tuvieron una exposición prenatal a la testosterona más alta (Stenstrom *et al.*, 2010); y, debido a ello, poseen rasgos masculinos que, en promedio, las mujeres encuentran atrayentes. En general, tanto los hombres que se arriesgan, como los adinerados, tienen más éxito en el ligue (Baker y Maner, 2008; Wilson y Daly, 1985).

Muchas mujeres se quejan de que, una vez que los hombres ganan su amor, dejan de correr riesgos. Este cambio en su comportamiento es perfectamente lógico desde la perspectiva masculina: cuando un hombre corteja a una mujer, el departamento de mercadotecnia pisa el acelerador y lo obliga a conductas temerarias. En cuanto el individuo consigue el amor de ella, deja de hacer cosas que amenacen su seguridad, y hace lo necesario para incrementar el bienestar.

Se dice que detrás de todo doble estándar se oculta un estándar único. El individual en este caso, es el infinito deseo de ser eficaces. Para captar tu atención y ganar tu amor necesitamos ser competentes, y eso implica arriesgarse. Para conservar tu cariño, en cambio, necesitamos ofrecerte seguridad. Los hombres también dejan de aventurarse más a medida que su cerebro madura —este proceso termina hasta casi llegar al final de los veintitantos—; lo cual, naturalmente, añade otra variable al declive del comportamiento temerario.

Como podrás imaginar, incrementar el sentido de responsabilidad y disminuir los riesgos, tiene sus desventajas para los hombres; una de ellas es que sus mujeres de pronto se preguntan qué le sucedió a aquel genial y arrojado individuo del que se enamoraron.

Nuestro amor es distinto al de ustedes

En nuestra sociedad los hombres operamos bajo la influencia de adivinar perpetuamente lo que sucede: la típica noción de que la manera en que las mujeres llevan las relaciones es correcta. Uno de mis colegas lo explica así: "El modelo de la salud emocional se basa en el femenino de la expresión de los sentimientos."

Entre los hombres que participaron en la encuesta, uno dijo: "Sufro bastante porque no me puedo comunicar bien a pesar de que mis intenciones son buenas. A los hombres siempre nos dicen que debemos comunicarnos mejor pero, ¿qué es lo que las mujeres deben hacer mejor? Al parecer, nada. La culpa siempre parece mía. ¿Una mujer puede levantar el mismo peso que un hombre? En general no, ¿pero quién espera que lo haga? Nadie. A cualquier hombre lo catalogarían de imbécil si se le ocurriera sugerir a una chica que lo hiciera. Entonces, ¿por qué esperan que nos comuniquemos de la misma manera que ellas?"

A este hombre lo acompañan muchos más en su frustración, pero él logró articular lo que todos enfrentamos. Los anfitriones de los *talk-shows*, los comediantes, los anuncios televisivos, las series y las mujeres que forman parte de nuestra vida, nos han enseñado que los problemas en las relaciones casi siempre provienen del comportamiento masculino. Han encontrado mil y una maneras de decirnos que las amamos de modo equivocado.

A mí me parece que hay más de una manera útil de observar el comportamiento masculino en las relaciones. Podemos decir que, sencillamente, es distinto. No es mejor ni peor, sólo diferente. Como nos lo explica este individuo, los hombres son proclives a demostrar su amor más con acciones que con palabras: "Nos comunicamos con nuestras acciones más que con cualquier otra cosa. Las mujeres tienden a armar una escena por la menor equivocación, pero en realidad deberían enfocarse en las acciones. Francamente, no sé por qué olvidar un comentario respecto a un corte de cabello pueda opacar sacarte una noche a pasear por la ciudad, corresponder a tus masajes todas las noches, o darte un obsequio escogido con gran cuidado."

Conocí a un hombre que pensaba que al hacerle mejoras a su hogar, le demostraba su amor a su esposa, pero en lugar de percibirlo amoroso, ella consideraba que con su comportamiento trataba de complacerse a sí mismo. Además, ella quería algo diferente: más comunicación y un vínculo más sólido. La pareja inició una lucha cada vez más agresiva; ella pedía afecto pero él seguía creyendo que se lo demostraba con todo el trabajo de mantenimiento en casa. Entre más se esforzaba él por demostrarle su amor, ella menos lo sentía. Por suerte, antes de que fuera demasiado tarde, ambos se dieron cuenta de que tenían distintas maneras de establecer conexiones emocionales.

El hecho de que los hombres y las mujeres usen distintos modos de atraerse, parece bastante obvio; además, las investigaciones respaldan esta noción. Los hombres, por ejemplo, tienden a hacer un despliegue de recursos y riqueza para atraer a las mujeres, en tanto ellas se apoyan más en su atractivo físico (Campbell y Ellis, 2005) —cualquiera que haya visitado un bar de solteros te podrá confirmar lo anterior—; pero la verdad es que ninguna estrategia es incorrecta, sólo son distintas.

Sin embargo, a medida que las relaciones maduran, la tendencia es creer que la manera masculina de expresar amor es incorrecta. Y mi profesión no ayuda nada en este sentido, porque la psicología es una actividad fundamentada en palabras. Los psicólogos arreglamos las relaciones hablando de ellas y solemos imponerles esta misma estrategia a los hombres.

Con lo anterior no quiero decir que los hombres no puedan mejorar su comunicación, sino que vale la pena reconocer que la manera de comunicarnos es un intento por crear intimidad a pesar de que es muy distinta a las que las mujeres preferirían que usáramos.

Cómo piensan los hombres

"Me da la impresión de que puedo matarme reparando la casa, cortando leña, arreglando los automóviles e incluso haciendo quehacer; y a pesar de eso, siempre habrá problemas por lo que *no hago*. Esta situación me obliga a retirarme."

Los hombres suelen expresar su amor activamente. Tal vez no hable mucho, pero quien cambia el aceite a tu automóvil, bien podría leerte poesía. Es sólo que, como queremos que estés segura y seas feliz, nos parece que el aceite limpio es más útil que "Ella camina en la belleza" de Lord Byron.

Para el hombre de tu vida:

Una tarea sencilla

En la encuesta que conduje mientras escribía el libro, muchos hombres se quejaron de que las mujeres los critican duramente por tratar de arreglar sus problemas. Hubo comentarios como: "Ella se queja de su jefe, de su familia o del cascabeleo del tablero del auto pero, ¿por qué enfurece en cuanto le ofrezco una solución?"

Si una mujer se queja pero rechaza nuestras sugerencias (o, peor aún, se enoja con nosotros), parece decirnos: *Tu sugerencia podría hacerme feliz pero sólo quiero escucharla; no deseo que realmente hagas algo por mi problema.* Es como llevar a tu perro al parque, mostrarle la pelota de tenis que tanto le gusta perseguir y guardártela en el bolsillo.

Los hombres contribuimos con este patrón porque nos frustramos, despotricamos e insistimos en que las mujeres deberían prestar atención a nuestras soluciones. Pero hay una mejor manera de actuar. Si eres un hombre al que le gusta realizar tareas —es decir, si te encanta demostrar tu amor con acciones más que con palabras—, intenta recomponer la situación. Cuando la mujer de tu vida empiece a discutir sobre un problema, pregúntale qué quiere de ti. ¿Que explores las posibles soluciones posibles o sólo hablar del asunto?

Si sólo quiere hablar, lo cual es perfectamente razonable, entonces tu labor será platicar. Debes prestar atención, entender lo que te dice y participar en la conversación. Hazlo de la manera correcta y con la misma eficiencia con que llevarías a cabo cualquier otra tarea. No es necesario que te compliques la vida más allá de eso.

3. El cambio de expectativas

Hagamos un breve resumen de los primeros dos capítulos: Los hombres deseamos una relación permanente; demostramos nuestro amor siendo útiles; queremos ser lo más importante para nuestras mujeres; somos vulnerables al dolor pero, admitirlo, rompería la regla del estoicismo; y, ¡ah!, a nosotros no nos importa en absoluto qué modelo de automóvil manejas.

Cuando por fin ganamos el amor de una mujer y las expectativas de la relación crecen, las cualidades masculinas descritas generan desafíos particulares. Algunas veces las expectativas se modifican con el paso del tiempo, y en otras ocasiones son las mismas. En los dos casos, sin embargo, los hombres siempre se preguntan qué demonios hacer para continuar ganándose el amor de sus mujeres.

Los investigadores que han echado un vistazo al pasado para estudiar la manera en que hombres y mujeres se han relacionado a lo largo de milenios, rara vez escribieron acerca del amor. Esta tendencia es más bien reciente. En general, los investigadores recurrieron a términos bastante pobres como "emparejamiento", que se refiere a la preservación de compromisos a largo plazo entre hombres y mujeres con el propósito, principalmente, de criar niños.

El emparejamiento, sin embargo, parece exigir un ingrediente especial que podríamos llamar "amor". Y es que el emparejamiento trasciende tiempo y cultura: la gente lo hizo durante muchos, muchos siglos, pero no siempre de manera exclusiva.

Los humanos tienen una larga historia de acuerdos como poliginia (un hombre que tiene dos o más mujeres de manera simultánea), monogamia serial, romances secretos, adulterio femenino y, a veces, incluso poliandria (una mujer con dos o más esposos al mismo tiempo).

Todo parece indicar que los seres humanos —y principalmente los hombres—, han sido ambivalentes respecto a la monogamia desde el principio. La mayoría de las culturas respaldaron algún tipo de poliginia (Murdoch, 1967), comportamiento que quizá se explique porque a los humanos *realmente* nos gusta el sexo. Esto, sin embargo, no significa que la monogamia sea una carga para los hombres porque, después de todo, solemos involucrarnos en relaciones monógamas. Al parecer, excepto por las estrellas de rock y los políticos, los machos de nuestra especie la valoran fundamentalmente por el bienestar de los niños.

Para los hombres, el sexo es sólo una parte del panorama general, lo que nos conduce de nuevo al antiguo y estéril término: "emparejamiento". Desde una perspectiva pragmática, es la estrategia más exitosa para que un hombre y una mujer garanticen la supervivencia de sus descendientes. Quizá sea por eso que, a pesar de que ambos han disfrutado la posibilidad de probar distintos amantes, el emparejamiento y, el amor que implica, trascienden al tiempo y la cultura (Campbell y Ellis, 2005).

Ahora bien, si estamos destinados a vincularnos en parejas, ¿por qué tanto hombres como mujeres enloquecen entre sí de vez en cuando? Creo que parte de la respuesta yace en dos tendencias que suelo ver entre mis pacientes con bastante regularidad: las cualidades que atraen a las mujeres durante el cortejo, no son necesariamente las mismas que querrán en una pareja a largo plazo; y en segundo lugar, las cualidades masculinas más atractivas durante el cortejo pueden volverse irritantes u ofensivas cuando versiones alternativas se hacen evidentes.

Los hombres y las mujeres cambian a medida que la relación madura, pero los hombres parecen particularmente propensos a sufrir estos cambios que llevan a sus parejas a preguntarse qué le pasó a la persona de la que se enamoraron.

De Chico malo a Chico casadero

Imagina a una pareja de padres prehistóricos en la sabana. Te aseguro que tendrían las mismas preocupaciones básicas que los de hoy: alimentar a sus hijos, conseguir un techo y mantener lleno el tanque de gasolina de la camioneta. Bien, quizá la gasolina no era un problema entonces, pero de todas formas se preocuparían por otros recursos.

Como el mundo era más rudo y simple en aquel tiempo, resulta tentador pensar que nuestros ancestros eran sólo una versión simplificada de nosotros; sin embargo, las cosas no eran así del todo. Probablemente ellos eran tan complejos como nosotros, pero la hostilidad del ambiente hacía que sus características relacionadas con la supervivencia afloraran más.

La elección de pareja adecuada es uno de varios factores que afectan la supervivencia y, ciertamente, la de los descendientes. Tanto los hombres como las mujeres habrían deseado elegir a la mejor pareja posible para enfrentar al mundo y criar a sus niños, pero eso no significa que las miradas prehistóricas no se desviaran: si eran como nosotros, entonces el emparejamiento era una compleja combinación de monogamia y poligamia para ambos sexos.

El sexo y la soltera prehistórica

Uno de los retos más grandes para el hombre moderno es descifrar los deseos de las mujeres. ¿Quieren al chico malo, aventurero y emocionante? ¿Quieren un chico casadero de buenos sentimientos, confiable y ligeramente aburrido? ¿Quieren una mezcla de ambos? Nuestros antepasados prehistóricos pudieron estar tan confundidos como nosotros, porque los deseos de las mujeres son complejos y, para colmo, pueden cambiar cuando los siempre aturdidos hombres menos nos lo esperamos.

Los investigadores descubrieron, por ejemplo, que las fantasías sexuales de las mujeres con frecuencia incluyen relaciones sexuales con más de un hombre, y son mucho más comunes durante la fase fértil del ciclo menstrual. De hecho es la misma etapa en que las mujeres modernas son más propensas a involucrarse con alguien que no sea su pareja, o a tener sexo con distintas parejas en un lapso breve de tiempo, lo cual promueve la competencia de esperma (Nummi y Pellikka, 2012). (La competencia da como resultado descendientes más fuertes porque cuando el esperma de un hombre nada y compite con el de otros individuos al mismo tiempo, el de los hombres más sanos e impetuosos llega al óvulo antes que el de los menos saludables y potentes.)

¿Pero cómo se habrá desarrollado este proceso en la sabana hace mucho tiempo? Es evidente que cada vez que una mujer se embarazaba, deseaba que el padre estuviera cerca para protegerla porque los meses de embarazo y los primeros años del bebé, conformaban un periodo de mucha vulnerabilidad. Sin embargo, los motivos para embarazarse eran bastante complejos y no se limitaban a la fantasía de que el Príncipe Encantador del Paleolítico le consagrara a ella su amor. La mujer no era tonta ni particularmente casta. Cuando una mujer prehistórica estaba interesada en el apareamiento a corto plazo, como sucedía en la fase fértil del ciclo menstrual, seguramente prefería a hombres con indicadores públicos de testosterona, como complexión muscular y rostro masculino (Schmitt, 2005). Estos individuos también tendrían un impulso sexual fuerte, nivel de compromiso más bien pobre, y una marcada tendencia a la promiscuidad. Es decir, esperma magnífico, pero material casadero deficiente.

Para una buena pareja comprometida a largo plazo, lo más probable es que la mujer prefería a un hombre estable, devoto y con habilidades para proveer lo necesario para los niños. Dicho de otra forma, la mujer habrá preferido aparearse con un Fonzie prehistórico, pero se habría emparejado con un gentil y aburrido individuo tipo Richie Cunningham.

El estereotipo de la mujer prehistórica sometida a los caprichos de hombres con mazos que tomaban todas las decisiones sobre el apareamiento, es una desviación caricaturesca de lo que muy probablemente sucedía en realidad. Lejos de ser indefensa, la mujer pudo ejercer bastante control sobre quién la embarazaba y con quién criaba a sus hijos, y además, es muy posible que fueran hombres distintos.

Cómo piensan los hombres

"Creo que a las mujeres se les dificulta entender qué individuo les conviene. Con frecuencia eligen a hombres a quienes otras personas identifican claramente como negativos o inadecuados, y luego se quejan del resultado. Sabemos que a ellas les gustan los hombres confiados en sí mismos, pero déjame decirte que los hombres rara vez muestran suficiente confianza cuando están con las damas que les interesan y, en cambio, se muestran seguros cuando las mujeres en cuestión no les resultan importantes. A final de cuentas, esto provoca que las mujeres se sientan atraídas por hombres a quienes no interesan gran cosa. Podemos verlo a millones de kilómetros de distancia, pero las mujeres parecen quedarse ciegas cuando se desarrolla el proceso."

¿Pero qué sucedía con los hombres de aquel tiempo? ¿Qué habrán deseado? La antigua noción de que los hombres prehistóricos querían tener sexo con el mayor número posible de mujeres, también es una simplificación excesiva. Al igual que los hombres modernos, lo más probable es que hayan sentido la necesidad de emparejarse con una mujer especial y conservarla cerca.

Según un estudio reciente, los métodos del hombre prehistórico para cautivar la atención de una mujer variaban según su estatus. Si era una pareja de poco valor (es decir, de estatus social bajo, era poco atractivo o tenía otras desventajas), quizá la obligó a quedarse por medio de insultos y ataques para abatir su autoestima, o mediante presión desagradable para limitar su libertad. Si se trataba, en cambio, de un hombre de alto valor (atractivo, con buenos vínculos sociales y riqueza), tal vez intentó ganar su afecto continuo con recursos y detalles románticos: cosas que al hombre de bajo estatus le habría costado trabajo ofrecer (Starratt y Shackleford, 2012).

La situación no era muy distinta a la de ahora. Los hombres de mayor valor suelen tratar mejor a las mujeres (Starratt y Shackelford, 2012). Intentan mantener a la involucrada en la relación por medio de halagos, obsequios y, en general, con un comportamiento cuyo objetivo es mantener el afecto, en lugar de una actitud posesiva.

Pero ya me desvié demasiado. El punto es que los hombres prehistóricos tenían maneras de mantener la monogamia a pesar de mostrar la promiscuidad de los hombres modernos; y las mujeres ejercían control respecto al hombre que elegían para embarazarse. La vida amorosa de nuestros ancestros era mucho más compleja de lo que nos han hecho creer.

Un salto de varios milenios en cámara rápida

El circuito romántico de los amantes prehistóricos es el mismo que tenemos ahora. En general, los hombres tienen una inclinación por la promiscuidad más marcada que las mujeres, pero la mayoría tiende a la monogamia. En un estudio se le preguntó a la gente cuántas parejas sexuales le gustaría tener idealmente durante el siguiente mes, y en Estados Unidos 23 por ciento de hombres dijo que más de una pareja, contra sólo 3 por ciento de las mujeres (Schmitt *et al.*, 2003). Las cifras para hombres en diez regiones a nivel global, fueron del punto más bajo, 17.9 por ciento en Asia del Este, hasta el más alto de 35 por ciento en Sudamérica; mientras, las cifras para mujeres fueron de 2.6 en Asia del Este, a 7.1 por ciento en Europa Oriental, lo cual indica que cierto grado de promiscuidad es más alto entre los hombres en general.

Lo anterior no significa que siempre hagan lo que quieren, sólo que tienen esas necesidades. Y las mujeres también. En un estudio realizado entre mujeres occidentales, una de cada cuatro reconoció haber sido infiel; una de cada ocho admitió haber tenido sexo con dos o más hombres en veinticuatro horas, y una de cada doce que tuvo relaciones sexuales con dos hombres simultáneamente (Gallup, Burch, y Berens Mitchell, 2006).

Lo más importante —y lo que confunde más a los hombres—, es que numerosas investigaciones indican que las preferencias de las mujeres respecto a los hombres cambian dependiendo del ciclo menstrual. Las mujeres en la fase fértil del ciclo se sienten atraídas particularmente a cuerpos, rostros, voces y aromas más masculinos, e incluso hay evidencia de que también les atrae en mayor medida la inteligencia. En promedio, las mujeres reportan que durante esa fase sienten una atracción más fuerte por hombres que no son su pareja, y en especial si ésta carece de dichos rasgos (Gangestad y Thornhill, 2003; Gangestad, Thornhill, y Garver-Apgar, 2010).

Cuando las mujeres no están en fase fértil, sus gustos suelen regresar al tipo de hombre más estable, y menos agresivo o emocionante: el individuo que tiene mayores posibilidades de involucrarse con una sola pareja de manera exclusiva; por lo general, tiene rasgos físicos que corresponden a un nivel de testosterona más bajo.

No quisiera exagerar el asunto porque no es como si las mujeres prefirieran a Rocky Balboa el martes, y a Mr. Mom el viernes. Los efectos son más bien sutiles, y por eso ni hombres ni mujeres los notan de manera cotidiana. Además, también es posible que a algunas personas no les afecten estos antiguos impulsos.

No obstante, la complejidad de los deseos femeninos es suficiente para hacer que los hombres se pregunten quiénes deberían ser y cómo comportarse. ¿Las mujeres quieren al chico malo o al casadero? Todo parece indicar que desean a ambos a lo largo de la historia, aunque no al mismo tiempo.

Y como nosotros siempre buscamos ganar tu afecto, nuestro cableado nos obliga a ofrecerte las dos opciones. Al parecer, estamos equipados para ser el chico malo cuando tratamos de ganarte, y el casadero una vez que conseguimos tu amor. Otra forma de exponerlo sería que alardeamos más y presumimos nuestros rasgos masculinos como de Fonzie cuando intentamos captar tu atención, pero nos convertimos en el confiable Richie Cunningham en cuanto nos aceptas, la relación inicia y, a veces, aparecen niños a los que debemos proteger.

Esta situación puede ser tan frustrante para los hombres como para las mujeres. Una de ellas lo expresó así: "Los hombres fuertes y ambiciosos suelen ser arrogantes y sexistas; es evidente que no quieren lidiar con el terreno emocional de una relación. Los individuos agradables se quejan de que nunca tienen avances, pero rara vez expresan lo que quieren. Da la impresión de que la sensibilidad y la osadía se excluyen mutuamente."

De acuerdo con la queja de la cita anterior, todo indica que los hombres tienen lo necesario para adaptarse a las variantes expectativas de las mujeres, pero con distintos niveles de éxito. Aunque adaptarse a los deseos de una mujer es, en teoría, una estrategia eficaz para el apareamiento, en realidad es difícil encontrar el balance adecuado. Algunas veces los hombres no cambian lo suficiente y, otras, cambian demasiado.

Lo creas o no, a los hombres también les preocupa la relación

Como los hombres somos demasiado estoicos, olvidamos que también nos preocupa la relación. Quizá se deba a que algunas de nuestras preocupaciones les resultan contradictorias a las mujeres.

A muchos hombres, por ejemplo, les preocupa que su pareja los encuentre poco atractivos si muestran vulnerabilidad; en realidad, la mujer tiende a sentir que este rasgo genera intimidad. A algunos les inquieta admitir sus errores porque temen que sus parejas les echen en cara su debilidad y se alejen. Pero, por otra parte, la mujer tal vez descubra que la honestidad de su pareja los acerca más.

Ahora hablaré de otro problema común. Muchos hombres temen no ser capaces de defenderse o de seguirle el paso a su pareja, si ésta discute y se queja de asuntos del pasado y, por lo tanto, a la primera señal de discusiones se quedan atrás, se cierran a la conversación. Las mujeres, en contraste, creen que las conversaciones sobre el pasado las acercan más a sus hombres.

Según cuentan, Platón dijo: "Sé amable pues toda persona con la que te cruzas, libra su propia batalla." Incluso el individuo que se comporta como James Dean, tiene varias preocupaciones e inquietudes respecto a las relaciones. Uno de los encuestados lo describió así: "Me gustaría leer la mente de las mujeres." Traducción: También nos preocupa lo que piensas.

"Él no era así cuando lo conocí"

Pero basta de explicaciones científicas como preámbulo: vayamos al aspecto práctico. Muchas mujeres se quejan de que el hombre con el que se casaron solía ser emocionante y ahora es aburrido. ¿Qué le sucedió al parlanchín, ingenioso y aventurero? Una de las encuestadas lo explicó así: "¿Por qué en cuanto los hombres se sienten cómodos dejan de impresionar a sus mujeres? Todo aquello de lo que una se enamora al principio, se acaba de pronto, y eso nos lleva a pensar que tal vez era una actuación nada más."

Yo soy el vivo ejemplo de lo anterior. Mi esposa me ha señalado que desde que nos casamos soy más renuente a hacer muchas cosas divertidas que me gustaban cuando salíamos a andar en bicicleta o de excursión a las montañas. En algún punto del camino me enfoqué totalmente en los negocios. Digamos que crecí o me volví aburrido, depende de cómo lo veas. Y ni siquiera estoy seguro de cuándo sucedió.

Los hombres nos involucramos en las relaciones como verdaderos héroes, pero luego descubrimos que es muy difícil seguir interpretando al personaje con que las cortejamos. Al principio tenemos un encanto principesco y carisma temerario; luego, por alguna razón, terminamos con un neumático desinflado y muy pocas palabras oportunas. Es normal que las mujeres se sientan desilusionadas y nosotros nos preguntemos qué salió mal.

Cambio de expectativa 1:
"No es el mismo hombre con el que me casé"

A medida que las relaciones maduran y cambian, los hombres se enfrentan, entre otros, a un desafío que se remonta a las mismas dinámicas desarrolladas hace mucho tiempo entre los humanos: las cualidades que atraen a las mujeres durante el cortejo no son necesariamente las mismas en la relación a largo plazo. Los hombres jóvenes suelen sentir que deben darse aires para atraer a las mujeres, y los mayores que deben comportarse como si ya los hubiesen domesticado.

Un hombre de veintitantos años describió su frustración respecto al cortejo:

"Cuando hablo con las mujeres siento como si tuviera que fingir que soy osado o agresivo, pero yo no soy así en la vida real. Si no me pongo esa máscara, sin embargo, las mujeres pierden el interés."

Ahora habla un hombre casado de treinta y tantos, refiriéndose a la etapa en que el cortejo terminó tiempo atrás:

"Los hombres somos muy elementales; es muy sencillo mantenernos felices. Esto frustra un poco a las mujeres porque muchas esperan que tengamos un encuentro en un plano más emocional, pero eso contradice lo que las atrajo a nosotros al principio. Quieren al individuo callado y fuerte —o al chico malo—, pero en cuanto la relación comienza de lleno, quieren que seamos más sensibles y abiertos para hablar sobre más temas. Por desgracia no creo que puedan tener ambas cosas."

Por último, leamos sobre el agotamiento sentimental de un hombre casado de cincuenta y tantos:

"A menudo escucho chistes en los que se dice que los mejores matrimonios son en los que el hombre siempre acepta todo con un pasivo, 'Sí, mi vida'. Claro, supongo que eso evita el conflicto y da a las mujeres el control que desean, pero es una actitud que anula el impulso interno y el espíritu que quizás las atrajo originalmente."

Estos hombres —cada uno en la respectiva etapa de sus relaciones—, suenan confundidos y preocupados por su propia capacidad. Todos parecen preguntarse, ¿cómo demonios se supone que debo *comportarme?*

He conversado con muchos hombres jóvenes recién casados y, en mi opinión, entienden que las expectativas de sus parejas cambiaron. Sin embargo, no son capaces de articular lo que creen se espera de ellos ahora. Su comportamiento personal también se modificó, e incluso se dan cuenta de que ya no son tan temerarios ni atentos como antes.

A veces esto se debe a la tendencia masculina a dejar de esforzarse en cuanto obtenemos el amor de una mujer. En otras ocasiones se debe a la fricción que surge entre la expectativa de las mujeres de que cambiemos —que en muchos casos, es precisamente el deseo de que dejemos de ser temerarios—, y nuestra incapacidad para complacerlas.

En cualquier caso, la comunicación y la claridad respecto a lo que se espera del hombre, puede evitar muchos dolores de cabeza. Cuando los hombres y las mujeres comprenden que sus expectativas van cambiando, les resulta más sencillo negociar sus papeles a medida que la relación madura.

Cambio de expectativa 2: "Cuando hacía eso antes, solía ser lindo"

A veces, el cambio en las expectativas de la relación tiene menos que ver con los impulsos humanos primigenios, que con el hecho de que nuestras cualidades —las que atraen a nuestra pareja—, también pueden tener un aspecto fastidioso. Dicho de otra manera, la cualidad se puede convertir en un problema si el hombre no cambia conforme la relación crece.

A Tyrone y Samantha los conocí cuando llevaban dos años de casados. Samantha sentía que Tyrone se había tornado autoritario, obstinado y mandón. Según ella, el problema comenzó a los seis meses de vivir juntos. Cuando le pregunté qué la había atraído originalmente a Tyrone, me contestó que le fascinó su carisma, su carácter decidido y que fuera un líder nato.

Desde la seguridad que me proporcionaba no ser parte de la pareja, de inmediato me di cuenta de que la obstinación y el carácter decidido, eran las dos caras de la misma moneda. Pasa lo mismo con ser mandón y nacer para ser líder, y con el carisma y la tendencia a ser autoritario. Pero como Samantha solía confundir el bosque con los árboles, no reconocía que las cualidades que la atrajeron a Tyrone —algunos de sus rasgos más sólidos—, eran las mismas que llegaron a fastidiarla, e incluso la hicieron sentir un poco tiranizada por él.

Al principio de la relación a ella le encantaba la actitud de Tyrone y su tendencia a encarar la situación. Le fascinaba que él organizara las citas, siempre manejara, pagara la cuenta en los restaurantes y mantuviera abierta la puerta para ella. Pero con el paso del tiempo descubrió que estas actitudes interferían con la capacidad de ella para expresar sus propios deseos. A Samantha todavía le agradaba su carácter fuerte pero, contradictoriamente, no quería que fuera demasiado asertivo ni se dejara mangonear. Como lo dicta el principio de Ricitos de Oro, Samantha quería que el nivel de determinación de su esposo tuviera un equilibrio perfecto.

Tyrone, por su parte, tuvo un problema complementario en el desarrollo de la relación. Una de las cualidades que lo atrajeron a Samantha fue su amabilidad y paciencia; pero a seis meses de casarse, se preguntó por qué su esposa se estaría volviendo tan beligerante y exigente. Como cualquier otro hombre bueno, Tyrone deseaba que su pareja se sintiera satisfecha y feliz, pero no se daba cuenta de que sus rasgos personales más atractivos, se volvían irritantes.

El cambio de expectativa no se presenta exclusivamente en las mujeres, también los hombres lo viven. El individuo que se casa con una mujer por su inteligencia, puede sentirse frustrado en cuanto ella intelectualicé las discusiones; a su vez, la mujer que se casa con un hombre por su laboriosidad, quizá se sienta sola cuando él no llegue a cenar por quedarse más horas en la oficina. Gracias a mi experiencia profesional, puedo decir que este problema es en especial confuso y frustrante para los hombres porque tenemos el deseo natural de cumplir y ser eficientes. Un cambio de expectativas, como el deseo de Samantha de que Tyrone dejara de ser tan obstinado con ella, puede hacer que el hombre sienta que falla en la relación.

¿Con qué batallan los hombres?

Los hombres detestamos el sentimiento de fracaso en la relación. Vivimos para las mujeres y, cuando no sabemos cómo ser útiles, nos sentimos fuera de lugar. A continuación revisaremos las dificultades con que topamos los hombres al tratar de conseguir el afecto de una mujer.

- Podemos percibir que no te complacemos, pero por lo general no sabemos qué hacer al respecto.
- Tu estado de ánimo nos afecta profundamente. Si las mujeres no son felices, nosotros tampoco lo somos.
- La regla del estoicismo nos impide acercarnos a ti cuando estamos preocupados, heridos o frustrados.
- A veces carecemos del entrenamiento o la disposición necesaria para darle nombre a nuestros pensamientos o emociones.
- Con frecuencia asumimos que los problemas de la relación son culpa nuestra porque nos enseñaron que la forma correcta de vincularse, es la femenina.
- Tendemos a ocultar nuestras emociones detrás de expresiones secundarias como enojo, risa o alejamiento.
- El cambio de expectativas en la relación rompe nuestro equilibrio.

Pero no me malinterpretes, no me quejo en nombre de mi género. Después de todo, pertenecemos al sexo masculino y, ¿qué acostumbramos hacer? ¡Reparar lo descompuesto! O bueno, al menos, lo intentamos.

En la segunda parte del libro te hablaré del comportamiento del hombre cuando intenta resolver un problema de la relación. Sus actitudes pueden pasar inadvertidas porque las estrategias masculinas para arreglar situaciones son distintas a las de las mujeres y, además, no siempre funcionan.

De cualquier manera, puede decirse que estas estrategias son razonables desde cierta perspectiva y, a veces, ¡sí funcionan!

Para el hombre de tu vida:
Cómo manejar el cambio de expectativas
Es probable que escuches a las mujeres quejarse de que sus parejas sufren metamorfosis decepcionantes:

- "Solía ser muy divertido."
- "¿Qué le pasó al romanticismo?"
- "Ya no es el chico temerario que solía ser."

Quizá también has escuchado a hombres quejarse de los cambios de sus esposas y novias:

- "Solía ser divertida."
- "Antes nunca me agobiaba."
- "¿En qué momento se convirtió en su madre?"

Las mujeres se quejan de que los hombres se hacen aburridos con la edad, y los hombres de que las mujeres se vuelven más exigentes. Las expectativas cambian conforme la relación madura, pero a nosotros, los hombres, a veces nos cuesta trabajo ajustarnos.

Si ya nos resulta bastante difícil hablar de la relación cuando las cosas van bien, imagina lo que pasa cuando se habla de cambios: algunos nos convertimos en verdaderas ostras. Alejarnos de estas conversaciones, sin embargo, nos puede costar la integridad, y provocar que las mujeres de nuestra vida sean verdaderamente infelices.

Conocí a un individuo que tenía una noción muy clara de lo que significaba ser hombre. Creía que debía ser trabajador y honorable, y que, en lo concerniente a su familia, no debía escatimar en ningún sentido.

Este hombre se casó con una mujer tan fuerte como él, y también igual de obstinada. Parecía que sus valores y personalidades coincidían a la perfección, pero conforme la relación maduró, esa solidez y franqueza se transformó en disputas interminables. La pareja tuvo batallas de poder y a él se le hizo más sencillo alejarse de las discusiones que discrepar con su esposa. *Quizá si dejo de argumentar ella estará contenta*, pensaba él. *Al menos no empeoraré la situación.*

Pero sí la empeoró. Sus retiradas provocaron que ella se sintiera insegura y lo presionó para que hablara y se expresara. Entre más presionaba ella, más se retiraba él: al garaje, a jugar golf y a su bolsita de mariguana. Él comenzó a sentirse emasculado, y ella, sola y desilusionada. *No es el hombre que solía ser. Se convirtió en un bulto.*

Cuando por fin comprendieron lo que sucedía –que él se alejaba para mantener la paz–, ambos le hicieron espacio en la relación a las cualidades de él que habían hecho que ella se enamorara.

Él dejó de alejarse de ella, ella se calmó para acercarse, y juntos negociaron sus diferencias. Volvieron a ser felices. (Ah, y por cierto, en cuanto él percibió que su masculinidad regresaba, no volvió a sentir la necesidad de fumar mariguana.)

No importa lo que aportes a la relación –puede ser un montón de opiniones fuertes o una inclinación a la música suave y la luz de las velas–: de todas formas tienes la responsabilidad de participar en las discusiones directas sobre las expectativas de tu pareja.

Las relaciones pueden cambiar y crecer, pero si el hombre no cambia y crece con ellas, perderá su integridad. Se desvanecerá entre las molduras de la casa o responderá de manera incongruente con sus valores, como extraviarse en una bolsita de mariguana o una botella de vodka.

La vida es corta; si tu pareja ya no es feliz contigo, no pases tus preciosos días quejándote o alejándote. Encuentra la manera de incorporar a la relación tus rasgos más trascendentes. Esto podría implicar conversaciones reales con tu pareja; y si no sabes por dónde comenzar, sé flexible contigo mismo: no eres el primer individuo que enfrenta esta dificultad. Podrías hablar de lo que sientes con algún amigo en quien confíes, o seguir una ruta más eficaz y contratar a un profesional que te guíe durante los cambios en tu relación. No hay por qué avergonzarse de pagar a cambio de una asesoría de calidad que te evite una vida de discusiones.

Por qué a veces los hombres no actúan de manera lógica

Entre los psicólogos, los medios y, vaya, entre casi toda la gente, hay una fuerte inclinación a creer que las mujeres saben mejor cómo actuar en las relaciones románticas. Puede haber algo de verdad en ello, y tal vez por eso los hombres confían en las mujeres en asuntos del corazón; pero déjame decirte que también nosotros tenemos sabiduría al respecto.

Es cierto que el modo masculino de abordar los obstáculos a veces sólo empeora las cosas, y algunos hombres no saben cuándo dejar de enterrarse en un agujero. Sin embargo, a veces la estrategia masculina puede ser eficaz y, en algunas ocasiones, ser la mejor manera de actuar.

La pareja sabia no descarta el repertorio masculino de opciones para la solución de conflictos, ni siquiera cuando no parece suficientemente refinado. Y es que, al final de cuentas, cualquier buen hombre te dirá que las herramientas nunca sobran.

4. A veces el sistema masculino es el más útil

Hay un antiguo acertijo sobre un granjero que regresa del mercado después de comprar un perro, un ganso y una col. El hombre tiene un botecito en el que sólo se puede transportar a sí mismo y a uno de los artículos para cruzar el río. Si deja al perro con el ganso, el primero se comerá al segundo; y si deja al ganso con la col, el ganso se la comerá.

¿Qué debe hacer para cruzar el río con los dos animales y la col a salvo, en el menor número de viajes posibles? Vamos, ve a resolver el acertijo, aquí te espero.

¿Lista? Ésta es la respuesta: primero, el granjero cruza el río con el ganso y regresa. Luego se lleva al perro y retorna con el ganso. Lo deja en el primer lado y se lleva la col. Ahora el perro y la col están a salvo al otro lado del río. Finalmente, el hombre debe regresar por el ganso. De esta manera, el perro no tiene oportunidad de comerse al ganso ni éste la col.

¿Qué tiene que ver esto con la armonía entre géneros? Bastante. El acertijo ilustra que los distintos problemas exigen estrategias diversas para resolverlos. Quizá ya notaste que hombres y mujeres abordan las dificultades de manera distinta, por decirlo de una manera amable.

¿Trataste de resolver el acertijo? ¿Cómo te fue? ¿Empleaste una estrategia de colaboración? ¿Reuniste a un grupo de amigos para que todos propusieran soluciones? ¿O fuiste más individualista y trazaste la solución en un papel o visualizaste los viaje del granjero?

Cualquiera de las estrategias pudo funcionar, pero el enfoque individual es más eficaz para este problema. En el tiempo que te tomaría reunir a tus amigos para organizar una lluvia de ideas, quizá habrías llegado a la solución tú sola.

A veces las estrategias en conjunto son más adecuadas, pero no siempre. La lluvia de ideas —proceso de colaboración para solucionar problemas, en el que un grupo genera la mayor cantidad posible de ideas y se abstiene de criticar las otras propuestas—, data de la década de los cuarenta, cuando un ejecutivo de la industria de la publicidad llamado Alex Osborn escribió un libro llamado *Tu poder creativo* (1948). Dedicó un capítulo completo a su estrategia colaborativa para abordar problemas. A primera vista, el sistema es perfectamente lógico porque, entre más gente haya "lanzando ideas" para enfrentar el obstáculo, como si se tratara de un comando, más propuestas se producirán, ¿no es verdad?

Pues no: resulta que es falso. En 1958, poco después de tomar por sorpresa al ámbito de los negocios, la técnica de la lluvia de ideas fue desechada sin miramientos, y el descrédito se repitió en varias ocasiones a partir de entonces. (Ya sé, pensaste que te iba a "lanzar una lluvia de ideas", ¿verdad?) En un estudio del departamento de psicología de la Universidad de Yale, se descubrió que la gente que participaba en sesiones de lluvia de ideas, en realidad producía menos soluciones creativas, y de menor calidad, que quienes trabajaban individualmente (Taylor, Berry, y Block, 1958).

Esto, sin embargo, no significa que la solución individual de problemas siempre sea mejor. A veces la colaboración es más eficaz, todo depende de la naturaleza del problema y de las relaciones entre los participantes. De hecho, que tengan suficiente cercanía para ofrecer opiniones honestas y críticas, resulta bastante útil (Lehrer, 2012).

El punto es que, a veces, la colaboración funciona mejor; en otras ocasiones, es preferible abordar los problemas individualmente. El acertijo del granjero es un buen ejemplo de este proceso: hablar del asunto sólo sería un obstáculo (sí, lo sé: con esta última afirmación llegué al pináculo de los sentimientos masculinos estereotípicos, y a la fuente de irritación más frecuente en las relaciones). Pero, por supuesto, los hombres no tenemos la intención de irritar, y la forma de abordar los problemas tampoco es accidental.

¿Por qué los hombres resuelven los problemas con tanto arrojo?

¿Alguna vez te has preguntado por qué a los hombres nos encanta Batman? ¿Por qué nos gustaría ser él? Porque es ingenioso y tiene muchas herramientas. Digamos que es el más increíble solucionador de problemas en solitario. A Batman nunca lo sorprenden con los pantalones (de acuerdo, las mallas) abajo, y además tiene la tenacidad necesaria para resolver cualquier dificultad.

Pero la verdadera pregunta es por qué los hombres queremos solucionar todos los problemas. ¿Por qué no dejar que alguien más se encargue del asunto o las cosas se arreglen por sí mismas? Y, pensando todavía más en el objetivo del libro, ¿por qué los hombres sienten la necesidad de actuar de inmediato y ofrecer soluciones cada vez que las mujeres sólo quieren conversar y vincularse?

No resulta sorprendente que la respuesta sea: porque el ingenio nos hace más atractivos para las mujeres (¡ah!, y creo que ya mencioné lo importantes que ustedes son para nosotros, ¿verdad?). Pero los machos humanos no son los únicos que tratan de impresionar a las damas. Los pergoleros satinados machos —se les puede encontrar en Australia—, son unas avecitas muy inteligentes que construyen impresionantes quioscos con hierba y otros materiales de su entorno.

Cómo piensan los hombres

"Los hombres resolvemos problemas. Si nos presentas un dilema, nuestra inclinación natural nos obligará a resolverlo."

Se les dio el nombre de "pergoleros" precisamente porque construyen pergolitas. Su propósito, como tal vez ya adivinaste, es atraer a las hembras de su especie, que se detienen a echar un vistazo para identificar al macho que construyó la pérgola más impresionante.

Se sabe que los pergoleros machos son bastante inteligentes, pero un grupo de investigadores quiso averiguar hasta qué punto las hembras valoraban la sagacidad de sus parejas, y para ello propusieron a estas aves extraños desafíos con los que pondrían a prueba su inteligencia (Keagy, Savard, y Borgia, 2009).

Por ejemplo, los investigadores fijaron mosaicos de colores estridentes en el piso, alrededor de las pérgolas que los machos construyeron. Las astutas aves descubrieron casi de inmediato que era imposible retirar los mosaicos, así que decidieron disimularlos. Los investigadores calificaron a los machos con base en su desempeño —del más, al menos inteligente—, y no resulta sorprendente que el más astuto haya tenido más éxito en aparearse. Esto significa que la inteligencia ayuda a los machos a atraer a sus parejas, que las hembras pergoleras prefieren a los machos más astutos, o ambas cosas. De cualquier manera, lo importante es que la inteligencia incrementa la posibilidad de aparearse con éxito.

Es difícil soslayar la similitud entre las pérgolas de estas aves y las casas, puentes, plataformas para el jardín que construyen los hombres: todas ellas, símbolo de la inteligencia masculina. Naturalmente, ver a un individuo no basta para conocer el tamaño de la plataforma o de su cerebro, y por eso los hombres desarrollamos señalamientos más sutiles para presumir nuestra habilidad para solucionar problemas.

El humor es uno de los indicadores más importantes porque predice inteligencia, creatividad, buenos genes y rasgos del hombre que será buen padre. ¡Y adivina qué! Al igual que la pérgola bien construida, el sentido del humor predice —al menos en el caso de los hombres—, el éxito en el apareamiento.

En general, los hombres superan a las mujeres en producir agudezas, lo que sugiere que el sentido del humor humano evolucionó, al menos en parte, como un indicador que las ayudan a evaluar a un hombre (Greengross y Miller, 2011). Quizá por esta razón los hombres comentan que siempre tratan de ser más graciosos cuando flirtean con las mujeres, porque esto les permite transmitir con sutileza sus cualidades subyacentes (Wilbur y Campbell, 2011).

De hecho, las mujeres no solamente aprecian el humor, también lo usan de manera inconsciente para evaluar a los hombres porque lo consideran símbolo de inteligencia y calidez (Wilbur y Campbell, 2011). También es un indicador sencillo de que el hombre podría estar interesado en la mujer. (En caso de que te lo estuvieras preguntando, los hombres también valoramos el sentido del humor en las mujeres, pero de manera distinta. El hombre, por ejemplo, no descartaría por completo a una mujer sólo porque no es graciosa.)

Y todavía hay una evidencia más de que el humor, indicador de inteligencia, se vincula con el romance: tanto hombres como mujeres lo consideran un rasgo de suma importancia en una pareja en potencia (las mujeres, sin embargo, lo miden con una mirada más aguda). Cuando nos interesa una persona, solemos creer que es más divertida, y por eso tratamos de ser más graciosos para captar su atención. El humor sirve como señal de interés, particularmente en las primeras etapas de las relaciones (Li *et al.*, 2009).

Cuando pregunté a las mujeres qué les agradaba más de los hombres, los dos rasgos que encabezaron la lista fueron humor e inteligencia. Éstas son algunas de sus respuestas:

- "Lo que más me gusta de un hombre es que tenga personalidad juvenil. El sentido del humor y el espíritu juguetón que despliegan, es lo más atractivo."
- "El humor, el espíritu protector, la fortaleza."

Los hombres queremos ser ingeniosos porque eso nos hace atractivos, al menos en teoría. Sin embargo, también solemos equivocarnos, y a veces terminamos exagerando y somos astutos cuando no es el momento adecuado y podría resultar contraproducente.

Muchas mujeres que contestaron la encuesta me dijeron que el instinto masculino que nos obliga a resolver problemas se torna particularmente desagradable cuando malinterpretamos la situación y ofrecemos soluciones que ellas no necesitan. Retomaré el tema más adelante, pero primero veamos la manera en que los hombres abordamos los problemas en general. Al igual que Batman, muchos nos retiramos a nuestra cueva y, por supuesto, esto genera fricción con nuestra pareja.

La ingeniería masculina

¿Cuántos hombres se necesitan para cambiar un foco? Todo hombre bueno sabe la respuesta: uno. Cambiarlo no es una actividad grupal. A menos de que esté en un submarino o en una mina de carbón, cambiar un foco es, más que un problema, una molestia y, por lo mismo, el individuo no pasará demasiado tiempo discutiendo o pensando el asunto. Incluso frente a conflictos más complejos, los hombres solemos optar por la manera masculina y estoica de lidiar con los problemas. A mí me gusta llamarle "ingeniería masculina" a este enfoque que implica cerrar la boca, lanzarnos de lleno al problema y erradicarlo lo antes posible para enfrentar el siguiente desafío.

Yo soy producto de una larga y orgullosa línea de hombres que aplican la ingeniería masculina, y debo admitir que, aunque es una estrategia genial para algunas cosas, para otras es desastrosa. En cualquier caso, quiero que sepas cómo se ve un hombre cuando arregla alguna dificultad, porque a veces da la impresión de que no nos importa el asunto aunque, en realidad, nos esforzamos por disipar la confusión en nuestra mente. La ingeniería masculina tiene dos rasgos distintivos: introspectiva y mecánica.

La resolución masculina
de los problemas es un proceso introspectivo

Cuando surge un problema, las mujeres suelen comunicarse pronto y con frecuencia. Los hombres, en cambio, son más dados a considerar que la comunicación es una herramienta y, cuando no les parece adecuada para el trabajo que deben realizar, dan por hecho que lo mejor es guardarla en la caja de herramientas. Todo parece indicar que muchos hombres creen que la parte más importante en la solución de un problema tiene lugar en la mente, lo cual bien podría relacionarse con los distintos problemas que hombres y mujeres enfocan y resuelven con éxito.

Las mujeres son mejores en lo que los psicólogos llaman tareas de pensamiento divergente. Pueden, por ejemplo, hacer una lista con el mayor número posible de interesantes y poco comunes usos para un ladrillo. Esto exige habilidades como pensar entre muchas categorías al mismo tiempo y generar respuestas inusuales.

Los hombres, en cambio, son mejores en labores reflexivas: los problemas con finales abiertos y descritos con vaguedad. Por ejemplo: "Si en un cajón tienes calcetines negros y cafés mezclados en una proporción de cuatro a cinco, ¿cuántos debes sacar para identificar un par que coincida?" (La respuesta es tres: si los dos primeros son negro y café, el tercero forzosamente coincidirá con alguno). Para resolver este tipo de problema se requiere de capacidad para pensar con profundidad sobre el asunto y generar soluciones novedosas, apropiadas y con objetivos claros (Lin *et al.*, 2012).

Quizás estés pensando ¿Y eso qué? Bien, las tareas de pensamiento divergente —para las que las mujeres son excelentes—, implican capacidades como buen manejo del lenguaje, asociación libre y memoria a largo plazo. Dicho de otra forma, las tareas de pensamiento divergente suelen basarse en la oralidad.

En contraste, las reflexivas se facilitan a los hombres, exigen habilidades como visualizar arreglos mecánicos o imaginar secuencias de sucesos y exigen capacidades cognitivas no verbales en esencia.

Cómo piensan los hombres

"Si no hablo significa que estoy pensando, en especial si tengo dificultades con ella. No es que trate de encerrarme como ostra o distanciarme: estoy pensando en cómo mejorar la situación para ambos."

Ésta es una de esas áreas en que resulta tentador exagerar las diferencias entre hombres y mujeres. Cada género posee ambos grupos de habilidades, es decir, ni los hombres ni las mujeres tienen el monopolio de uno. Algunas mujeres son más competentes en las tareas de reflexión que los hombres, pero también hay hombres mejores en las tareas de pensamiento divergente que las mujeres. La mayoría, sin embargo, es mejor en una tendencia que en la otra y, en general, los hombres son excelentes en reflexionar.

Además de los grupos de habilidades, hombres y mujeres suelen tener diferentes formas de aprendizaje. En promedio, los chicos en edad escolar superan a sus compañeras en los ambientes individualistas y competitivos. En disciplinas como las matemáticas, los hombres aprenden de manera autónoma, y no les molesta resolver solos problemas complejos. Disfrutan el ejercicio de su independencia y no temen correr riesgos o inventar soluciones nuevas. Las chicas, en cambio, siguen procedimientos estándar para solucionar problemas matemáticos; y son menos dadas a correr riesgos y menos inventivas (Catsambis, 2005).

Sin embargo, nada de lo anterior sugiere que ellos sean superiores en matemáticas. De hecho, hay evidencia de que los géneros tienen en promedio las mismas habilidades, aunque hay más hombres en los extremos alto y bajo de la escala de cociente intelectual (Deary *et al.*, 2003). Lo que en realidad sucede es que los problemas matemáticos y los ambientes en que se presentan, pueden ser más apropiados para el estilo individualista masculino.

Un grupo de investigadores pidió a estudiantes de secundaria resolver problemas de física en parejas del mismo sexo, y de sexo distinto (Harskamp, Ding, y Suhre, 2008). Las parejas del mismo sexo tuvieron resultados similares a pesar de los distintos enfoques de hombres y mujeres para resolver problemas. Los resultados de ellas en parejas mezcladas, sin embargo, fueron ligeramente diferentes. No aprendieron tanto como ellos en este tipo de parejas, ni como las chicas ni los chicos de las parejas del mismo sexo. Si este experimento indica algo, los estilos masculino y femenino de resolución de problemas tienen eficacia similar, pero no siempre se llevan bien, ni siquiera para lidiar con problemas sencillos y directos.

La estrategia individualista con la que muchos hombres abordan las dificultades, incluye comportamientos y características que, aunque a veces son efectivos, resultan fastidiosos para quienes prefieren trabajar en equipo:

- Antes de buscar ayuda de otros, los hombres consultan consigo mismos para entender la situación.
- Los hombres actúan antes de consultar, en lugar de consultar antes de actuar.
- Para los hombres, las soluciones son más importantes que el proceso.
- Cuando trabajan juntos, los hombres confían más en la comunicación no verbal que las mujeres. (Si deseas una demostración de esta diferencia, observa a dos hombres mover un sofá, y luego observa a dos mujeres haciendo la misma tarea.)
- A menudo, los hombres ven la solución de problemas como una oportunidad para demostrar su eficacia, más que de vincularse con otros.

Hagamos una pausa breve y necesaria para discutir este último punto. La naturaleza introspectiva del modo masculino de resolver conflictos no debe confundirse con una conducta individualista o antisocial. Los hombres han sido criticados duramente por ser demasiado autónomos y poco sociables, pero esto se debe a que los profesionales, como yo, y los libros como éste, suelen enfocarse en un solo tipo de interacción social: las relaciones íntimas entre hombre y mujer. Es decir, el tipo de interacción en que las mujeres operan con más efectividad que los hombres.

Nosotros no carecemos de la habilidad o el deseo de vincularnos con otros. Somos igual de sociables que las mujeres, pero de una manera distinta. Mientras ustedes tienen bastante éxito con grupos pequeños y relaciones cercanas, los hombres funcionamos mejor en grupos grandes y relaciones más relajadas. Por lo general, las actividades grupales como cacería colectiva o trabajo de despachos contables grandes, son más atractivas para los hombres.

Lo anterior no significa que las mujeres no funcionen bien en equipos ni que los hombres no puedan desarrollarse en relaciones más personales; sólo quiere decir que los hombres se interesan más en grupos y funcionan mejor en este contexto. Todo comienza en la niñez, cuando las niñas prefieren jugar en pareja y los niños en grupos. Más adelante, cuando se presenta una dificultad, ellas funcionan mejor en parejas y ellos en grupos (Benenson y Heath, 2006).

En el capítulo 1 mencioné que a los hombres los motiva ser miembros productivos de grupos exitosos. Al igual que las mujeres, somos criaturas sociales, pero también nos gusta trabajar solos y a veces confiamos totalmente en nuestro ingenio.

Pocos hombres somos lobos solitarios. A menudo, nuestra estrategia introspectiva sólo indica que deseamos impresionarte o disfrutar de la sutil sensación de triunfo que nos proporciona arreglar algo. En lo personal, creo que el deseo secreto de todo hombre es encontrar por sí solo la solución a un conflicto, y luego compartirla con su equipo para convertirse en el héroe.

Los hombres necesitan equipos

Normalmente, las mujeres se sienten más cómodas que los hombres en relaciones con vínculos muy cercanos. A lo largo de la historia, ellas enfocaron sus esfuerzos sociales hacia unidades pequeñas e íntimas y su característica principal fue la cooperación más que la competencia.

Los hombres, en contraste, casi siempre se han sentido atraídos a redes más amplias y conexiones más relajadas; pero las mujeres también pueden funcionar en estas redes con la misma eficiencia que ellos; la distinción sólo refleja el hecho de que ambos sexos se han alineado en las distintas culturas. A los hombres les agrada unirse a equipos y competir con otros hombres.

Esta diferencia en la preferencia social es muy importante en las relaciones íntimas, ya que a los hombres les llega a abrumar el nivel de intimidad en que las mujeres operan con toda comodidad. Nosotros deseamos esa intimidad pero también participar de un sistema más amplio, lo cual divide nuestra atención y a veces hace que las mujeres se pregunten qué tan comprometidos estamos con la relación personal.

La mayoría de los hombres necesitamos movernos entre nuestras relaciones íntimas y nuestros equipos, pero esto no significa que te amemos menos. De hecho, así como nos sentimos atraídos al equipo cuando estamos con nuestra pareja, también podemos tener la necesidad de estar con nuestra pareja cuando trabajamos con el equipo. Pregúntale a cualquier soldado varón en despliegue militar, o a cualquier hombre bueno enviado por su empresa a trabajar al extranjero. En medio de la intensa actividad grupal, de repente nos sentimos atraídos a casa y a la gente que amamos.

Los hombres más felices y mejor ajustados logran un equilibrio cómodo entre el amor y el trabajo en equipo. Cuando los seres amados de un hombre bueno están dispuestos a dejarlo libre de vez en cuando, lo más común es que él regrese en cuanto pueda.

La resolución masculina de problemas es mecánica

La segunda característica de la ingeniería masculina es su naturaleza mecánica. Regresemos por un momento al tema de las matemáticas. Las mujeres suelen tener pocas representantes en carreras con trabajo matemático intenso. Es muy tentador echarle la culpa de esto a alguna especie de conspiración masculina o diferencia de aptitudes, pero la explicación más simple y precisa es la menos discutida: a los hombres les gustan los números más que a las mujeres. Ellas tienen capacidades iguales pero no están tan interesadas (Ceci y Williams, 2010). Al parecer, la visión mecánica masculina incluye apego a los números.

En 2010, el psicólogo Roy Baumeister escribió un libro con el irónico título *Is There Anything Good About Men?* (¿Los hombres tienen algo bueno?) —el autor parece creer que sí—, donde señala que, a diferencia del de las mujeres, el entretenimiento masculino está repleto de números. De las revistas de hombres, por ejemplo, desbordan estadísticas relacionadas con deportes, automóviles, armas, ejercicios, y cualquier otro tema semejante. El psicólogo notó que incluso los juegos de video diseñados para niños y varones adultos, tienen estadísticas y números, como representaciones numéricas de fuerza. En resumen, a los hombres les divierten los números. Baumeister también señala que en el entretenimiento femenino, las cifras generalmente se asocian con algún aspecto negativo como las calorías pero, en la mayoría de los casos, los números casi no están presentes en la diversión femenina.

Esta afinidad con los números es sólo un ejemplo de que la visión masculina del mundo es más mecánica. No pienso pasar demasiado tiempo ahondando en esta información porque, como les gusta decir a los profesores, hay algunas cosas que son obvias; pero te aseguro que la mercadotecnia de las llaves de torsión y los compresores de aire, nunca está dirigida a mujeres.

El enfoque mecánico masculino para resolver problemas tiene importantes implicaciones que, reitero, pueden ser bastante efectivas pero, en ocasiones, también irritantes:

Los hombres ven el mundo a través de una lente distinta a la de las mujeres.

• Los hombres que confían en el enfoque mecánico que tan bien les ha funcionado, quizá se sientan perdidos cuando no les sirva para solucionar dificultades no mecánicas sino más bien interpersonales.
• Los hombres se sienten cómodos con problemas que implican un enfoque activo y agresivo, como cambiar un neumático, porque éste no se cambiará solo. (Además, si el hombre resuelve el difícil problema de cambiarlo sin ayuda de un gato hidráulico, obtendrá algunos puntos adicionales en su tarjeta de virilidad.)

- Los hombres abordan los problemas no mecánicos —como las dificultades interpersonales—, con una estratégica mecánica. Tal vez traten de, por ejemplo, señalar el aspecto en que falla su pareja, y hacerlo precisamente en el momento en que menos sentido tiene mencionarlo.

Por qué los hombres necesitan tantos halagos

¿Tienes la impresión de que el hombre de tu vida necesita que lo acaricies y halagues por todas las pequeñas cosas que hace? ¿Sientes que cada vez que cambia un foco espera un desfile de gratitud? Si es el caso, muy probablemente trata de demostrarte su amor con pequeños actos de servicio, y quizá busque tu gratitud como indicador de que tú también lo amas.

Por desgracia, mostrarle todo ese agradecimiento puede convertirse en una tarea pesada. Si es así, habla con él. Asegúrale que entiendes lo que desea, y también recuerda que cada vez que realiza un servicio, por pequeño que sea, es como si te dijera, "Te amo". Expresar tu gratitud tal vez sea menos agotador si reestructuras tu mente y asumes que se trata de una manera distinta de decir, "Yo también te amo".

La ley de esforzarse más

Una de las cosas que nos enseñan a lo largo de toda la vida, es que siempre lo intentemos. Nos han enseñado que cuando la solución a un problema no funciona, se debe a que no nos esforzamos lo suficiente. Si a un niño se le dificulta encontrar la solución a un problema como el acertijo del granjero que debe cruzar el río, las figuras masculinas de su vida le darán algunas pistas y lo enviarán al pizarrón a trabajar para que se esfuerce más. Estas acciones nos inculcan la perseverancia, cualidad maravillosa y muy útil en muchas situaciones, pero que en las relaciones puede obstaculizar el camino (en el siguiente capítulo me gustaría hablar un poco más de este tema).

La resolución masculina de problemas funciona perfectamente bien con dificultades como las del acertijo porque, para encontrar la respuesta, el individuo debe analizar la situación de manera metódica, introspectiva e individualista. La ingeniería masculina nos hace colocar las botas en los estribos, las manos en los problemas mecánicos o la pluma sobre el papel. Significa que debemos hacernos cargo, ser ingeniosos y superar el contratiempo para continuar con nuestra vida. Tal vez no siempre sea agradable, pero permite cumplir con el trabajo. Para el hombre que aplica la ingeniería masculina, la respuesta es más importante que el proceso.

Sin embargo, a veces nos sale el tiro por la culata. Podemos ser geniales para construir y reparar cosas, pero así como una persona confía demasiado en la comunicación para enfrentar una dificultad, el hombre que usa esta estrategia quizá dependa más de lo necesario en su enfoque individualista y mecánico.

Por qué la ingeniería masculina es tan genial... y por qué es tan difícil vivir con ella

La ingeniería masculina es genial para obtener resultados, pero en las relaciones, los resultados son tan sólo una parte del panorama; también es necesario considerar aspectos como compañía, vínculos y colaboración. Aunque sea muy útil, la estrategia masculina para enfrentar inconvenientes puede ser abrumadora para las mujeres. Una de ellas lo explicó así: "El deseo de los hombres de resolver problemas opaca los intentos que hacemos nosotras por comunicarnos, incluso a pesar de que ellos saben que es justo lo que deseamos o necesitamos."

Una de las razones por las que los hombres se frustran con sus parejas, tiene que ver con la orientación respecto al tiempo. La estrategia de la ingeniería masculina casi siempre implica enfocarse en lo que sucede aquí y ahora. Los hombres quieren lidiar con un asunto a la vez y luego seguir con sus vidas. Muchos se han quejado conmigo de que las mentes de sus esposas o novias suelen operar en el pasado y el futuro en lugar de aquí y ahora; lo cual provoca que los hombres se sientan poco preparados para conversar.

Esta diferencia en la orientación también puede ser difícil para las mujeres porque a veces les hace sentir que no les interesan a sus hombres cuando, en realidad, ellos tratan de demostrar su amor. La situación entre una mujer llamada Sandy y su esposo Justin, es un ejemplo claro de esto. Ella le pedía que hiciera algunas tareas menores y, por lo general, él respondía con rapidez, ya fuera atender al bebé, reparar el automóvil o cualquier cosa que le solicitara. Justin siempre daba un salto y se ponía en acción como Batman.

Sin embargo, Sandy sentía que Justin no entendía lo que necesitaba de él. Cuando le pedía que hiciera algo por el bebé, por ejemplo, pensaba en el pasado y en todas las ocasiones que le pidió hiciera eso mismo. Justin no observaba el patrón y, por lo tanto, no se anticipaba a las necesidades de ella. Sandy se preguntaba por qué debía pedirle las mismas cosas todo el tiempo, y si tendría que fastidiarlo el resto de su vida. De pronto ya tenía resentimientos hacia él porque nunca tomaba la iniciativa; ella daba por sentado que la gente que se ama, se anticipa a las necesidades del otro. Al menos, así operaba ella, y por eso, el funcionamiento de Justin le parecía distante e insensible.

Desde el punto de vista de Justin, él le demostraba su amor cada vez que cumplía con sus peticiones. De hecho, cada nueva tarea era una oportunidad de mostrarle su devoción. Él funcionaba de manera introspectiva, mecánica, y en el aquí y el ahora; no pensaba en el futuro porque confiaba en que su ingenio le ayudaría a resolver cualquier eventualidad... como Batman. Al mismo tiempo, le costaba trabajo entender por qué Sandy se volvía tan irritable.

Por suerte la pareja se dio cuenta del problema antes de que el patrón destruyera su relación. Al analizar varias estrategias con más cuidado y claridad, Sandy apreció de otra manera a Justin y su manera de funcionar en el mundo; y él entendió lo mucho que significaba para ella adelantarse a sus peticiones con más frecuencia. Trabajaron en el asunto y lograron sincronizar mejor sus estructuras.

Cómo piensan los hombres

"Nos preocupamos, pero lo demostramos de una manera distinta. Nuestra eficacia y la economía de nuestro discurso y acciones implican que, a menos de que haya un problema que resolver, estar a tu lado bastará para hacernos felices."

Si tienes que cruzar un río con tu perro, un ganso y una col, la mejor estrategia será la masculina. Sin embargo, las mismas cualidades que hacen de nuestra ingeniería algo tan útil en algunos contextos, se puede volver abrumadora en otros. El pensamiento individualista de un varón puede hacer que su pareja se sienta abandonada, y su pensamiento mecánico lo puede cegar frente a panoramas más amplios.

En resumen, para hombres y mujeres, cobrar conciencia de las diferencias entre sus estrategias para resolver problemas, y cómo expresan sus intenciones, puede significar relaciones más satisfactorias y disfrutables.

Para el hombre de tu vida:

¿Qué haría el Hombre Marlboro?

¿Alguna vez te has preguntado qué haría el Hombre Marlboro si la mujer de su vida fuera infeliz con él? Hasta él tiene una vida doméstica que atender. Y es que, vaya, no puede andar en su caballo ocultándose todo el día.

Evidentemente los hombres y las mujeres abordan los problemas de la relación de manera distinta. Los hombres tienden a poner manos a la obra y sólo piensan en el aquí y el ahora: *Enfoquémonos en el obstáculo que tenemos enfrente y solucionemos esto pronto.*

Las mujeres suelen enfocarse en panoramas más amplios y conceden más atención al pasado y el futuro: *Hablemos de todas las veces que esto ha sucedido anteriormente para evitar que pase de nuevo.*

Creo que estas diferencias son una de las razones principales por las que la comunicación entre géneros se interrumpe. Pero, sin tomar en cuenta los problemas de comunicación específicos de cualquier relación, lo cierto es que los hombres somos mucho más propensos a abandonar la conversación cuando las cosas se ponen difíciles, y eso sólo empeora las cosas.

Claro, a veces las mujeres también nos aplican la ley del hielo, pero no nos enfoquemos en nimiedades; la verdad es que nosotros tendemos de manera más pronunciada a retirarnos en lugar de soportar un discurso doloroso e interminable sobre el estado de la relación. A veces nos retiramos para enfocarnos en actividades productivas como el trabajo mismo, y en otras nos lanzamos a algo tan poco impresionante como un juego de video o un *six-pack* de cervezas. Sin importar cuál sea la apariencia superficial de nuestro retiro, las mujeres se quedan con una sensación de abandono, e incluso más motivadas a forzarnos la temida conversación.

A menudo los hombres tratamos de lucir rudos y estoicos al alejarnos de las mujeres, y pensamos: *Un hombre no se sienta a platicar todo el día.* Lo sé por experiencia; provengo de una larga línea de hombres en retirada y, hasta la fecha, es un aspecto con el que aún batallo. Sin embargo, comprendo que alejarse de un problema con la mujer que amo, es lo menos caballeroso que puedo hacer.

Observa a quienes se niegan a enfrentar los problemas de su relación. ¿Cuántos tienen problemas de abuso de sustancias, mala salud, relaciones rotas e hijos a los que sólo ven con permiso de un juez? Es evidente que su estoicismo no funciona del todo bien, ¿no crees?

Claro, el estoicismo es uno de los rasgos masculinos fundamentales, pero sólo existe para ayudarnos a nosotros mismos y a otros a sobrevivir en tiempos difíciles, no para construir una barrera que nos evite enfrentar los sucesos imprevistos. Los hombres más masculinos que conozco tienen relaciones sólidas porque discuten sus problemas antes de que se salgan de control. También saben cómo obtener ayuda de sus familiares, amigos, Iglesia, el *dojo* e incluso de terapeutas. La ayuda está en todas partes, y cuando nos disponemos a recibirla, aparece como por arte de magia.

Piénsalo de esta forma: tú no andarías por ahí conduciendo con un neumático ponchado y tapándote los oídos mientras gritas, "¡La, la, la, el coche está bien, no tiene problemas!" Entonces, ¿por qué permitir que tu relación se descomponga? Al Hombre Marlboro tal vez le intimide hablar, pero te apuesto que no permite al miedo interponerse en su camino.

5. A veces el sistema masculino es el menos útil

Óscar y María disfrutaron un matrimonio sumamente feliz y libre de conflictos casi veinte años. Como cualquier pareja casada, tuvieron fricciones, casi siempre relacionados con la queja de María de que, con frecuencia, Óscar se hacía cargo unilateralmente de la situación. Él, por otra parte, a veces sentía que María no apreciaba las atenciones hacia ella.

A veces bromeaban y decían que las dificultades eran como pequeños regalos que le llegaban a él desde el cielo porque siempre le urgía poner manos a la obra y arreglar cualquier problema, incluso a pesar de que María realmente no aceptaba sus soluciones. Una vez, por ejemplo, comentó que sus repisas para las especias no le funcionaban del todo. Dos semanas después, él le regaló una monstruosidad de mueble nuevo —bueno, así lo veía ella—, que parecía diseñado para guardar todas las especias conocidas en el reino vegetal y soportar las experiencias más devastadoras de la cocina.

María tuvo una buena reacción: le agradeció y permitió que lo montara en la pared de la cocina. Pero las soluciones que él proponía no siempre funcionaban.

Cuando Christie, la hija de ambos, cumplió dieciséis años, ya tocaba bastante bien el piano. Un día él escuchó a María y a Christie hablar sobre el regalo para su cumpleaños: un piano de media cola. En las siguientes semanas, también notó que ambas revisaron catálogos y leyeron reseñas en Internet sobre distintos instrumentos. Al parecer la elección resultaba complicada.

Quizá imaginas lo que sucedió: Óscar vio la oportunidad de resolver dos problemas al mismo tiempo: podría complacer a ambas y evitarles la terrible experiencia de elegir un piano. Desde su perspectiva, ellas se extraviaron en pianolandia, y él debía rescatarlas.

Sin decirle nada a María, habló con un vendedor, compró el mejor piano de media cola que podía pagar la familia y pidió lo entregaran en su casa a una hora en que sabía que su hija y su esposa no estarían. Naturalmente, esperaba que se volvieran locas de alegría en cuanto descubrieran lo que había hecho pero, por el contrario, mostraron muy poco entusiasmo. Aunque su hija le expresó su gratitud, notó que el regalo no la hacía feliz.

Esa misma noche, María regañó a Oscar en privado por haber comprado el piano. Molesto y lastimado, él le contestó: "¿Cómo es posible que estés enojada conmigo? ¡Sólo traté de hacer algo lindo por ustedes!"

"Pero no necesitábamos tu ayuda", contestó María. Él estaba devastado, y ella, muy triste. Óscar no podía entender que para su esposa y su hija comprar el piano no fuera una carga, sino una experiencia que las uniría. Sólo veía todo como una ecuación que acababa de resolver, y la falta de gratitud lo dejó azorado y herido.

Por qué los hombres siguen hundiéndose más y más

Quizá pienses que un individuo inteligente y trabajador como Óscar habría notado que su estrategia no funcionaba, que sus intentos por solucionar problemas y hacer felices a los demás, tenían el efecto contrario. Pero hundirse más y más en un agujero, no es exclusivamente masculino. A medida que pasa nuestra vida, los humanos descubrimos las estrategias para resolver problemas que nos funcionan son confiables, porque siempre recurrimos a ellas. Mientras más serio el conflicto, más confiamos en nuestros ya probados sistemas; por desgracia, a veces no vemos que pueden fallarnos.

Ésta es una de las razones de que la ansiedad sea una sensación tan traicionera. Las estrategias que la gente aplica para lidiar con su ansiedad funcionan bien en algunas situaciones, pero cuando se usan para manejar pensamientos y sentimientos, fallan. Por ejemplo, muchas personas quizá ya aprendieron que evitar animales aterrorizantes como serpientes o arañas les ayuda a bloquear la experiencia del miedo. Sin embargo, cuando la ansiedad proviene del interior —tal vez en la forma de un recuerdo doloroso o de duda hacia uno mismo—, esa misma estrategia sólo empeora la situación por la misma razón de que no pensar en monos te obliga a pensar en ellos (Wegner *et al.*, 1987). Así es la naturaleza de la ansiedad, de la cual hablaré más en el siguiente capítulo.

A veces no reconocemos que nuestras estrategias para resolver conflictos empeoran las cosas, porque siempre sentimos la imperiosa necesidad de solucionar el problema más difícil del momento. Esta desesperación nos hace esforzarnos más y más con las mismas viejas estrategias y, entre más nos fallan, más obligados nos sentimos a usarlas repetidamente.

En alguna parte de su historia, Óscar aprendió que solucionar los problemas de otras personas las hacía felices, lo que, a su vez, le permitía sentirse alegre, útil y competente. Cuando esa estrategia falló se sintió desesperado, y por eso aplicó con más ímpetu su herramienta favorita: hacerse cargo de la situación y resolver el problema.

Para colmo, a veces la estrategia sí funcionaba en la relación. Había ocasiones en que María apreciaba las soluciones que él ofrecía, y eso lo mantenía atorado en el mismo patrón. Así como sucede con las máquinas tragamonedas, si se gana una vez, uno se motiva a seguir jugando. Las recompensas son fuertes motivadores y, en el fondo, Óscar tal vez llegó a la conclusión de que si seguía esforzándose, en algún momento tendría éxito. No se le puede culpar por aplicar la misma estrategia que funcionó en el pasado, pero evidentemente, necesitaba identificar en qué momentos recurrir a ese sistema que también es, paradójicamente, su herramienta menos exitosa para relacionarse.

Los hombres como Óscar no son ineptos en absoluto; todo lo contrario. Es evidente que son ingeniosos y están profundamente dedicados a sus seres queridos; sin embargo, a menudo no saben nombrar a sus propias experiencias internas, y eso les impide reconocer cuándo se hunden demasiado en un agujero.

Al igual que muchos otros hombres, Óscar sabía del conflicto y sufría por ello. Era obvio que siempre se había enorgullecido de cuidar bien a su familia; por eso, enterarse de que había sido ineficiente, fue un golpe directo al corazón. Ahora hablemos sobre qué le impedía atender la situación de manera correcta.

Educación emocional masculina

En realidad, esta sección debería llamarse "*Falta* de educación emocional masculina", porque a nosotros rara vez nos enseñan a convivir con nuestras emociones. Claro, aprendemos a lidiar con el miedo y la frustración, pero nunca nos enseñan gran cosa acerca de otros sentimientos como tristeza y ansiedad; por lo mismo, estamos mal preparados para enfrentar los conflictos de pareja.

En un estudio sobre cómo se describe la depresión en las revistas masculinas como *Sports Illustrated*, *Esquire* y *Men's Health*, el sociólogo y profesor de estudios de género Juanne Clarke (2009), descubrió que por lo general la depresión se presenta a los hombres como un problema bioquímico o genético, enfoque que coincide con la manera mecánica en que vemos el mundo. A los hombres pocas veces nos enseñan a considerar que tristeza o depresión son respuestas lógicas a situaciones difíciles, o manifestaciones que se pueden remediar mediante la exploración de las emociones mismas para averiguar de dónde provienen.

Clarke descubrió en su investigación que las revistas masculinas suelen presentar a hombres muy exitosos que han superado su

—aparentemente biológica— "enfermedad" de depresión. Y en su mayoría, las sugerencias para vencer esta enfermedad implican cambios en el estilo de vida, o medicamentos agresivos en lugar de un tratamiento que atienda la raíz del problema.

Cómo piensan los hombres

"No soy un cavernícola insensible cuyo único propósito es conseguir alguien para acostarse. Soy capaz de experimentar emociones muy profundas, pero me incomoda expresarlas a menos de que me encuentre con alguien muy cercano. De otra manera, me esfuerzo bastante por construir una barrera e impedir, si es posible, la entrada de cualquier emoción desagradable."

Por desgracia, incluso los médicos ven así la depresión. Esos mismos sentimientos de tristeza y desesperación que llevan a un profesional a diagnosticarle depresión a una mujer, se pasan por alto cuando los manifiesta un hombre. Ellos se suicidan entre tres y cuatro veces más que las mujeres, y recurren al alcohol y a las drogas por lo menos con el doble de frecuencia que ellas porque, ni ellos ni la gente que los rodea detectan esta enfermedad como tal. Una de las razones de que la depresión se diagnostique con el doble de frecuencia en mujeres que en hombres, es porque éstos tienen menos probabilidades de identificar sus sentimientos de tristeza.

Ahora que hablamos de este tema, te puedo decir que a veces los hombres manifiestan síntomas particulares cuando están deprimidos. Como a nosotros nos enseñan a apechugar y rechazar los estados de ánimo negativos y las emociones que nos hacen vulnerables, desarrollamos síntomas más masculinos de modo superficial, pero también más destructivos. Mientras las mujeres buscan la fuente de su depresión, los hombres aporrean sus emociones y las mantienen a raya con conductas iracundas o consumo de alcohol. De hecho, los hombres que recurren más a esas expresiones de tristeza "masculinas", son más propensos a temer y evitar las emociones negativas (Green y Addis, 2012).

Un grupo de investigadores descubrió que el miedo a las emociones les impide desarrollar respuestas más saludables a la depresión. En casi todos los países del mundo se suicidan más hombres que mujeres después de la pérdida del empleo, el fracaso en un negocio, la ruptura de una relación o una revelación pública vergonzosa (Coleman, Kaplan y Casey, 2011). Cuando un hombre tiene una opinión intolerablemente mala de sí mismo y una gama restringida de opciones emocionales, es más proclive a recurrir a estrategias más aceptables dentro del universo masculino para lidiar con las emociones, como la negación o la autodestrucción.

La manera en que los hombres manejamos la depresión, es un ejemplo extremo de cómo lidiamos con nuestras emociones en general. La sociedad nos ha acostumbrado a no discutir los sentimientos, e incluso a evitarlos en nuestro interior. Si la investigación está en lo cierto, los hombres evitan las emociones que los hacen vulnerables incluso si el costo es demasiado alto. Sin duda, la desaprobación de su esposa y su hija lastimó profundamente a Óscar, pero eso sería lo último que admitiría en la vida o, quizás, incluso lo último que reconocería, porque sería aceptar su vulnerabilidad. Para el varón promedio, la vulnerabilidad es signo de debilidad, y ésta es inaceptable.

Cómo piensan los hombres

"Nosotros no sentimos de la misma manera que las mujeres pero, sin duda, sentimos. Tal vez expresamos las cosas de modo diferente debido a nuestra biología y a la forma en que nos educa la sociedad, pero somos tan disímiles. Todos podemos ser débiles, vulnerables a los contratiempos, propensos al fracaso, y sentirnos insatisfechos. Y al final, lo único que deseamos es que nos amen y respeten."

Entonces, ¿qué hacen los hombres cuando se sienten vulnerables? Recurren a sus viejas estrategias. Algunos evitan o escapan de situaciones que les parecen intolerables entregándose a juegos de video, la bebida, el golf... o cualquier actividad que distraiga su atención y les evite sensaciones y pensamientos dolorosos. Otros hombres se refugian en la ley de esforzarse más, como Óscar, que, en realidad, no trataba de causar más problemas cuando compró el piano. Sólo intentaba arreglar el problema y acercarse más a las mujeres de su vida; pero su falta de educación emocional lo cegó a la verdadera naturaleza de la situación y, por lo mismo, al intensificar su esfuerzo nada más consiguió alejar a la gente que más amaba.

Se necesitan dos

Aunque menos poético, el viejo dicho "Para bailar tango se necesitan dos", es tan cierto como en el sentido opuesto: para establecer un patrón de relación disfuncional también se necesitan dos. Sin importar la cantidad de fallas que un hombre aporte a la relación, no puede provocar solo las dificultades.

Resulta muy tentador culpar a Óscar de los problemas con María porque, después de todo, debió reconocer que las numerosas ocasiones en que saltó de inmediato para resolver una situación, a veces la empeoraba. Sin embargo, también podríamos culpar a María por enviarle señales contradictorias. A veces apreciaba los esfuerzos de su esposo, y otras, los encontraba incómodos; y en medio de todo el proceso, nunca le comunicó de manera apropiada lo que realmente esperaba de él.

En lo personal, creo que es mucho más útil enfocarse en los patrones que la gente crea en las relaciones, en vez de asignar culpas. Hablaré de esta estrategia con detalle en el capítulo 7; por ahora, analicemos uno de los patrones de que más se quejan las mujeres: el hombre que se cierra siempre que su pareja trata de conectarse con él.

Quizá te preguntes cómo es posible que sugiera que la mujer tiene algo que ver en que el hombre se cierre y evite la comunicación, particularmente después de explicar con claridad que tendemos a comportarnos con estoicismo, se nos dificulta nombrar nuestras experiencias interiores, y nuestras estrategias para resolver conflictos son más introspectivas y mecánicas que las de las mujeres.

No diré que el comportamiento de la mujer provoca el silencio de un hombre, ya que nadie es responsable de lo que otra persona decide. Sin embargo, los dos integrantes de la pareja contribuyen a los patrones establecidos en la relación, que los motivan a responder de manera tal vez útil en el momento, pero contraproducente a largo plazo.

¿Por qué las mujeres deben aceptar halagos?

Los hombres queremos ser eficaces en todo lo que tomamos en serio, y eso incluye expresar nuestro afecto a la mujer que amamos; pero con frecuencia, ellas no entienden lo frustrante que resulta responder mal a nuestros cumplidos. Los hombres se quejan mucho de esto; uno de ellos lo explicó así: "Las mujeres suelen negar todos los cumplidos que les hacemos, y eso nos quita las ganas de halagarlas."

Es frustrante que rechacen nuestros cumplidos. Imagina que compras un regalo para tu mejor amiga, lo envuelves con mucha dedicación y tratas de entregárselo, pero ella lo rechaza. "No lo merezco", te dice. Entonces compras otro pero ella insiste en que no elegiste bien. Compras uno más, y ella vuelve a rechazarlo. ¿Cuánto tiempo tardarías en darte por vencida?

Los hombres hacemos cumplidos para mostrar que te prestamos atención y nos interesas. Quizá te cueste trabajo aceptar los halagos de tu pareja, pero te aseguro que nada lo hará más feliz en ese momento que aceptar lo que te ofrece.

El hueco de silencio

Muchos hombres lo hacen. Después de cenar. En el auto. En la cama... e incluso cuando discutes con tu madre.

Me refiero a quedarse callado, por supuesto. Parece que los hombres somos particularmente proclives a guardar silencio durante los conflictos. Ella quiere hablar, pero él ya "voló". Debería señalar que las mujeres a veces se retiran cuando los hombres quieren hablar pero, seamos honestos: esta falta de disposición a comunicarse es, principalmente, característica masculina. Debo admitir que yo mismo batallo bastante con esta actitud. Tal vez crees que un psicólogo está mejor preparado para lidiar con esto y, de hecho, así es; el problema es que a veces puede ser difícil combatir nuestra arraigada costumbre de callar.

Quedarse en silencio es un comportamiento que crece como bola de nieve hasta que prácticamente sepulta la relación. Cuando su pareja calla, la respuesta natural de muchas mujeres es forzar una conversación; por desgracia, eso puede dificultarle más hablar, lo que conduce a más presión, y eso, a su vez lleva a... Bueno, creo que ya tienes una idea de qué hablo.

En mi libro anterior narré la historia de Meg y Andy (Smith, 2011). La anécdota es relevante en este caso porque son el paradigma del hueco de silencio. Andy viene de un hogar donde incluso las decepciones más triviales se castigaban de manera muy agresiva. Cuando era niño, aprendió a retirarse a la seguridad de su cuarto cada vez que su impredecible madre alcohólica se enojaba. Digamos que Andy es un ejemplo extremo, pero a la mayoría de los hombres les resulta incómodo que sus mujeres sean infelices, y les produce ansiedad.

Cada vez que Meg se enojaba, la ansiedad de Andy lo hacía retirarse y encerrarse como aprendió para eludir a su madre. No lo hacía para castigar a Meg, al contrario, trataba de evitar que el problema empeorara. Para Andy, retirarse era parte de una arraigada estrategia que siempre le funcionó de niño; como adulto, sin embargo, la ansiedad de su respuesta, también le provocaba angustia a Meg. Su silencio la preocupaba y la hacía reflexionar sobre todas las veces que guardó silencio en el pasado, sobre todos esos problemas que nunca resolvieron, y sobre la posibilidad de que nunca llegaran a comunicarse. Meg buscaba reprimir sus sentimientos pero, más adelante, su preocupación por la relación se volvió abrumadora. Cuando llegaba al punto de quiebre, acorralaba a su pareja y sacaba toda su frustración.

Lo irónico de la situación era que, muy a su manera, ambos se esforzaban por proteger la relación. Andy evitaba que la situación empeorara porque imaginaba que una discusión era más destructiva. No conversaba con Meg con la esperanza de que no discutir con él la hiciera feliz. Ella, sin embargo, creía que la peor estrategia era no comunicarse y no enfrentar sus conflictos.

La silenciosa respuesta de Andy lo llevó exactamente a lo que trataba de evitar: una esposa iracunda. Al mismo tiempo, la respuesta de Meg daba como resultado lo que ella menos deseaba: un hombre cada vez más aislado.

Los hombres buenos no somos idiotas, sabemos bien que el silencio empeora las cosas. Entonces, ¿por qué actuamos así? Analicemos algunas razones que escucho con frecuencia.

Se supone que los hombres no hablamos

Como mencioné en el capítulo 1, los hombres tenemos la desventaja de no elegir las palabras adecuadas para nombrar nuestras emociones. Durante su infancia, ellas hablan sobre las relaciones más que los hombres, por eso están mejor preparadas para esta tarea. Para colmo, a muchos hombres nos enseñaron que hablar y discutir sobre... "eso", es un rasgo femenino. Cuando éramos pequeños, si se nos ocurría aventurarnos en un discurso más bien femenino, corríamos el riesgo de que nos ridiculizaran, nos acosaran o, incluso, nos castigaran. Este tipo de experiencias perduran y, a veces, nos generan demasiada ansiedad si tratamos de romper las antiguas reglas correspondientes a cada sexo.

Sentimos que no podemos ganar

Muchos hombres admiten ser superados por sus esposas o novias cada vez que discuten. Me han dicho cosas como:

- "No soy tan ingenioso como ella."
- "Ella siempre trae sus argumentos preparados, y yo no."
- "Ella parece recordar absolutamente todo lo que dije o hice, pero mi mente no funciona de esa manera."
- "Ella saca a flote discusiones anteriores que, según yo, quedaron en el pasado, y yo no sé cómo defenderme de eso."

Estos hombres creen que cualquier cosa que digan será utilizada en su contra. Hablar los hace vulnerables a críticas o ataques, y por eso hacen lo que les parece más sensato: cerrar la boca.

Nos enojamos

Es verdad, a veces los hombres nos aislamos porque estamos enojados. Muchos recurrimos a la ira como respuesta de cajón cada vez que nos sentimos heridos, criticados, maltratados, marginados, e incluso tristes. A veces nos toma tiempo entender qué desencadenó nuestro enojo, así que, hasta que estamos listos para hablar de ello, creemos que retirarnos es la única opción que no empeorará las cosas.

Nos duele discutir contigo

La infelicidad de una mujer es muy dolorosa para muchos hombres.

Una antigua y arraigada noción indica que a las mujeres les interesa más la relación que a los hombres; sin embargo, un estudio demostró lo contrario (Simon y Barrett, 2010). A los hombres nos interesa la relación tanto como a las mujeres, pero de maneras distintas y, además, nos molestan otros aspectos del asunto. Los investigadores descubrieron que a las mujeres les preocupa más el estatus de la relación, es decir, si es segura o no. Por ello, cualquier señal de inestabilidad puede afectar de modo profundo y deprime los estados de ánimo de ustedes.

Los hombres, en contraste, se preocupan más por los conflictos de la relación. Los desacuerdos dañan nuestra idea de lo que valemos y, a veces, incluso nuestra salud. Así, mientras las mujeres responden a la inestabilidad con depresión, los hombres, ante los desacuerdos, recurrimos al abuso de sustancias. Reaccionamos a los problemas retirándonos, eludiendo todo y autodestruyéndonos porque discutir, literalmente nos lastima.

Cuando las mismas viejas discusiones reaparecen una y otra vez, nos sentimos incapaces de mantenerte feliz. Tarde o temprano, algunos hombres se dan por vencidos y guardan silencio porque empeorar las cosas de manera pasiva es más tolerable que hablar y empeorarlas.

La historia es lo que nos impulsa

Lo que provocó la caída de Andy fue la historia. A pesar de sus buenas intenciones, no tomaba decisiones informadas porque su pasado se imponía sobre su presente. Le respondía a Meg como si fuera su madre, esa mujer iracunda y abusiva con la que vivió tantos años. Siendo niño aprendió que el conflicto era peligroso, y la respuesta más segura consistía en retirarse; pero su mente nunca asumió que Meg era una mujer bondadosa y prudente que no abusaría de él como su madre. A veces la mente humana se estanca en el pasado. Cada vez que un hombre permite que su tendencia al silencio afecte la relación, resulta muy tentador responder con presión para obligarlo a hablar, como hizo Meg. Una mujer me dijo: "Con frecuencia, la única manera de hacer que un hombre responda es apretándole los botones." Cada vez que Meg respondía con fuerza, en realidad fortalecía un patrón destructivo.

Tiempo de transición

Como muchos hombres dividen sus vidas en compartimentos —trabajo, casa, recreación, etcétera—, a veces necesitan tiempo para cambiar su estado mental y adaptarlo a otro ambiente. Pasar del trabajo a la casa resulta particularmente desafiante. Un hombre lo explicó de esta manera: "Sé bien que cuando llego a casa de la oficina, no es el mejor momento para preguntas porque lo único que quiero es sentarme unos minutos antes de abordar el tema de cómo me fue durante el día."

Un ejercicio que sugiero a los hombres es tomarse unos instantes antes de entrar al siguiente ambiente. En ese tiempo deben recordar los valores y comportamientos que quieren manifestar. Esto se puede lograr preguntándose, "¿Qué tipo de hombre quiero ser cuando llegue a casa (o al trabajo, la casa de mis suegros, etcétera)?"

Tal vez quieran, por ejemplo, estar un rato en el auto antes de entrar a la casa, o quizá la pareja llegue a un acuerdo para que el hombre tenga un periodo de transición después de saludarse, a fin de acostumbrarse de nuevo al ambiente del hogar.

Uno de los encuestados dijo, "Necesitamos un tiempo para prepararnos, en especial cuando llegamos a casa. Es un periodo en el que pasamos a un estado más hogareño. Si en lugar de bombardearnos, las mujeres nos involucran con sutileza, seremos capaces de interactuar. Sabemos que en estos tiempos, lo más común es que la mujer tenga un día tan pesado como el nuestro, y claro que queremos reunirnos con ellas, pero será más fácil si nos responden con tranquilidad en lugar de lanzarnos toda la artillería."

Resolución de problemas vs. Comportamiento problemático

La buena noticia es que incluso un comportamiento problemático como el hueco de silencio puede resolver un conflicto. Andy, por ejemplo, deseaba proteger a Meg de la desilusión. También evitar un enfrentamiento porque, para él, las discusiones siempre eran deprimentes, y sabía de sus resultados lamentables. Sólo buscaba contener la situación antes de que se saliera de control y, quizás debido a su nivel de ansiedad, nunca se le ocurrió que Meg tomaba su silencio como algo completamente distinto.

Tal vez resulte difícil creer que el silencio de Andy pudiera resolver algún conflicto, pero para abordar de una vez un tema que retomaré a lo largo del libro, quisiera convencerte de que lo mejor para tu relación es reconocer los comportamientos masculinos cuyo objetivo es resolver problemas. Antes de seguir adelante, aclaro la diferencia entre los comportamientos que resuelven conflictos y los problemáticos.

El silencio de Andy resultaba doloroso porque no era peligroso, ni irrespetuoso o abusivo. Puede ser difícil convivir con quien recurre a este comportamiento para enfrentar sus dilemas; incluso puede causar daño emocional o afectar la relación a largo plazo. Sin embargo, comprende que hablamos de un comportamiento en esencia no abusivo.

El hombre que resuelve una situación no te pondrá un apodo, no abusará físicamente de ti, no tendrá un amorío, no será deshonesto ni te tratará con hostilidad. Todos estos son comportamientos problemáticos que no debes tolerar jamás. Si al hombre de tu vida le cuesta trabajo superar sus comportamientos problemáticos, diseña un plan de escape; y si tiene estos comportamientos y no está en proceso de acabar con ellos, llegó el momento de distanciarte de él.

Por suerte, los hombres buenos no tienen comportamientos problemáticos importantes ni recurrentes. Tal vez batallen un poco porque sus soluciones son inadecuadas, pero definitivamente no son abusivos. En el capítulo 7 hablaré sobre maneras específicas de romper con patrones como el del hueco de silencio, pero antes estableceré algunas bases. En el siguiente capítulo exploraré uno de los desafíos más importantes para ambos sexos: aceptar a nuestra pareja tal como es.

Para el hombre de tu vida:

Si el hueco se hace cada vez más grande, deja de cavar

Yo no pude ir a la universidad directamente al salir de la preparatoria porque no tenía dinero suficiente; primero trabajé para establecerme. Uno de mis primeros empleos fue como mecánico de máquinas paradoras de bolos. Gracias a un afortunado

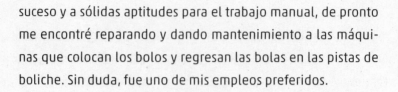
suceso y a sólidas aptitudes para el trabajo manual, de pronto me encontré reparando y dando mantenimiento a las máquinas que colocan los bolos y regresan las bolas en las pistas de boliche. Sin duda, fue uno de mis empleos preferidos.

Como era un típico jovencito engreído, tenía la costumbre de realizar reparaciones más allá de mi capacidad. En una ocasión traté de arreglar la barra de una mesa —un costoso componente que es fundamental para que la máquina recoja los bolos de la plataforma y los coloque en su lugar—, porque se había vencido y tenía una terrible grieta en espiral. El daño era equivalente al del eje de un automóvil. Los mecánicos con mayor experiencia dijeron que la barra no podía ser reparada y sería remplazada. Yo aseguré que podía soldarla y dejarla en perfectas condiciones, aunque el mejor soldador del taller concluyó que no había esperanza, y que mis habilidades en este campo eran apenas regulares. Durante las siguientes semanas pasé mis momentos de descanso tratando de reparar la pieza, pero cada vez el problema se recrudecía. Finalmente, la oculté en mi casillero con la esperanza de que nadie se diera cuenta de lo mal que la había dejado.

Por desgracia, mi esfuerzo no significó diferencia alguna: mucho antes de que comprendiera que la reparación sobrepasaba mi capacidad, los dueños instalaron una barra nueva. Me di cuenta de que apliqué una estrategia muy cerrada con la que sólo perdí mi tiempo y los recursos de la empresa. Cada vez que trataba de arreglar la pieza, cavaba más y más en un agujero, pero no podía detenerme.

Como los hombres tenemos la tendencia a reparar todo, tratamos de hacer lo mismo en nuestras relaciones. Inicié este capítulo con la historia de Óscar, un hombre obsesionado con resolver los problemas de su esposa, y seguía actuando de la misma manera a pesar de que su comportamiento sólo empeoraba la situación. Óscar, igual que yo, sencillamente ignoraba cuándo dejar de cavar.

Si tú eres así, tal vez ya notaste que casi siempre tienes los mismos problemas con la mujer que amas. En consecuencia, lo más probable es que tu estrategia para hacerla feliz sea contraproducente pero todavía no te das cuenta de ello.

Si te parece que di en el clavo, quizá llegó el momento de evaluar tu estrategia, discutir con ella la naturaleza de estos problemas repetidos, e incluso pagarle a un terapeuta para que dejes de cavar. Sólo entonces identificarás el problema e implementarás una solución que sí funcione.

6. La palabra que inicia con "A"

La aceptación es un poco como el dinero: a todos nos da gusto recibirlo, pero dejarlo ir nos provoca ansiedad.

Mencioné que no te daré consejos sobre cómo cambiar la naturaleza de un hombre, y tampoco sugeriré cambiar la tuya para adecuarte a él. Sé que a primera vista, esto nos dificultará reparar una relación porque, después de todo, ¿cómo puede mejorar la situación si nadie cambia?

Pero ésta pregunta no es la adecuada. Es cierto que a veces es necesario cambiar; algunos hombres de plano se comportan mal y, si no modifican ese comportamiento problemático, la relación jamás será saludable o sostenible. Sin embargo, recuerda que no hablo de esos hombres. En este libro sólo hablaré de los hombres buenos con una naturaleza masculina sólida. En el caso de estos hombres, lo mejor es formular una pregunta como: ¿De qué manera incorporar la naturaleza masculina a una relación sólida entre un hombre y una mujer?

He escuchado a muchas mujeres preguntarse: "¿Qué puedo hacer para que cambie?", "¿Cómo lograr que haga tal cosa?", "¿Cómo evitar que haga tal otra?" Y si lo piensas, en el fondo todas estas preguntas podrían resumirse en: "¿Qué hacer para que actúe más como una mujer?"

Pero permíteme ser claro: creo que en una relación hay que pedir lo que se desea. Si tu pareja deja los calcetines sucios en el suelo para que tú los levantes, acepta que su comportamiento es irrespetuoso; necesita saberlo y cambiar. Sin embargo, la gente no recurre a mí para lidiar con problemas tan insignificantes como los calcetines sucios. Me buscan para reparar desavenencias de mayor calibre que casi siempre tienen que ver con la falta de disposición a aceptar las características de su pareja.

Esta batalla contra la aceptación, suele costarle a la gente sus valores. Como en realidad todavía no he hablado de valores, desviémonos por un momento. Piensa en esa época cuando todavía eras una adolescente de ojos titilantes, y tus ideales románticos se encontraban intactos. Si entonces te hubiera preguntado qué tipo de pareja deseabas ser, quizá me habrías dicho que romántica, juguetona o protectora. Tal vez que deseabas ser capaz de establecer un vínculo profundo y permanente, o ser la persona en quien tu pareja siempre confiara. Estoy seguro de que, por lo menos yo, habría contestado algo similar.

Estas cualidades son tus valores, y describen el tipo que deseas ser, no el que deseas sea tu pareja. Idealmente, tus valores deberían dirigir tu comportamiento, y lo mismo sucedería con tu pareja.

No obstante, es difícil mantener vivos los valores. A medida que la vida nos endurece, cada vez es más sencillo perder la pista de nuestros ideales; a veces nos comportarnos como si, para protegernos, tuviéramos que ocultar nuestros valores, o sentimos que la única manera de satisfacer nuestras necesidades es mediante coerciones. Cuando eso sucede, en lugar de percibirse como una sociedad o un equipo, cualquier relación se siente como si cada quien tirara de la soga hacia su lado.

Luchar contra la naturaleza de tu pareja en vez de aceptarla, te aleja de lo que deseas. Hay un experimento muy sencillo que puedes practicar desde ahora. Si te pido que no pienses en monos, ¿qué es lo primero que te viene a la cabeza? Exacto: monos.

Ahora supón que te pido esforzarte mucho en no pensar en monos. Imagina que dedicas tu vida a no pensar en monos. Digamos que quiero que te conviertas en una monja antimonos. Si tu mente funciona como la de otras demás personas, en este momento los monos se convertirán en lo más importante para tu vida (Wegner *et al.*, 1987). Todo lo que hagas será no pensar en ellos y, por lo tanto, de una extraña manera, tu vida empezará a girar alrededor de los monos. Conseguirás precisamente lo que tratas de evitar.

En las relaciones sucede algo muy similar. En cada pareja descrita hasta ahora, tanto el hombre como la mujer negaron o evitaron lidiar de manera directa con la naturaleza masculina. El resultado fue que algunos de sus aspectos menos útiles abrumaron a los que sí servían y, para colmo, entre menos dispuestos estaban los hombres y las mujeres a aceptar lo que les desagradaba de la naturaleza masculina, más la sufrían. Pasó lo mismo que con los monos. En mi opinión, debe haber una manera más sencilla de lidiar con el asunto.

Una palabra intimidante

"Aceptación" puede ser una palabra intimidante, incluso amenazadora. Como pasa con la mente de las demás personas, es posible que la tuya siempre te presente los peores escenarios: "¿Quieres decir que tengo que aceptar la crueldad de mi pareja, su mal comportamiento, hacerme a la idea de que nuestra relación jamás será saludable?"

Absolutamente no. Aceptar no significa tolerar relaciones enfermizas o comportamientos problemáticos. En las relaciones, la aceptación tiene dos elementos clave. En primer lugar, que estás dispuesta a reconocer que tu pareja libra una batalla justo aquí y en este momento. Quiere decir que quizá debas hacerle espacio a la posibilidad de que sus motivos sean bien intencionados y constructivos aunque no lo parezcan. Significa que no caerás en la trampa de creer que está equivocado o no le importas; al contrario, aceptarás la posibilidad de que se esfuerce al máximo. Tal vez incluso intente hacerte feliz, pero lo hace de una manera que sólo resulta lógica en su mente masculina. Aceptación también significa abrirle las puertas a la difícil tarea de entender la lucha de tu pareja, precisamente cuando menos deseos tienes de ser empática.

En segundo lugar, "Aceptación" significa lidiar con la ansiedad y la inseguridad en tu interior. En general, elegimos parejas que apaciguan nuestras mayores inseguridades, como hizo Samantha, quien en buena medida escogió a Tyrone por la confianza que tenía en sí mismo. Pero las cosas sólo funcionaron hasta que ella sintió que la impulsividad de él le impedía expresarse. En ese momento se percató de que, en lugar de un activo, la personalidad de su pareja era un pasivo en la relación; fue cuando luchó contra el mismo rasgo que en el pasado la había atraído tanto.

Cómo piensan los hombres

"Cuando mi pareja y yo peleamos, no puedo pensar, dormir ni comer hasta que resolvemos el asunto."

¿Alguna vez tú o tu pareja se han preguntado: "¿Qué te pasó?, ¿por qué cambiaste?" Si lo han hecho, es probable que uno de ustedes, o ambos, cayeron en la trampa de no aceptar las características del otro, o reconocer que batallan con ellos. En cuanto comenzamos a pelear contra lo que no podemos cambiar o controlar, corremos el riesgo de perderle la pista a nuestros valores, y nos convertimos en gente que no queremos ser. En cambio, cuando abandonamos la lucha y aceptamos las características del otro y las propios, de pronto tenemos más tiempo y energía para ser quienes deseamos en la relación. Y claro, seremos de nuevo esa persona de la que se enamoró nuestra pareja.

No apoyar nuestros propios juicios y bajar la defensa, es atemorizante porque tenemos la idea de que luchar contra lo que creemos nos lastima, nos mantendrá a salvo. Samantha sintió que mientras despotricara contra la asertividad de Tyrone, se protegería. Sé que también da miedo aceptar la naturaleza masculina por las razones que expondré más adelante pero, créeme, he visto los resultados innumerables veces: cuando una mujer acepta a un hombre bueno tal como es, él casi siempre responderá de la misma manera. Ya hablaremos de esto.

Uno de los regalos más importantes que puedes dar a un hombre es la aceptación de la naturaleza y las problemáticas de *ambos*, en especial en esos momentos en que no te sientes muy generosa.

Sé que la aceptación puede ser intimidante de cualquier forma; y sí, acepto que también corres el riesgo de ser lastimada. Por eso no quiero convencerte de hacerlo. No quiero que intentes aceptar algo sólo porque yo he visto que funciona; confía en tu propia experiencia e instinto, no en los míos.

Cómo piensan los hombres

"El peor momento para mí, es cuando una mujer está enojada conmigo."

Tal vez sea verdad que una mujer que acepta en su vida a un hombre de manera incondicional, con todas sus frustrantes excentricidades, terminará más angustiada. Quizá aceptar sus propias inseguridades en lugar de cubrirlas con estrategias de defensa bien practicadas, la pondrá en peligro; pero creo que la única manera de estar seguros es arriesgándose. Por supuesto, no puedo recomendarte que te arriesgues si no sé qué está en juego; lo único que hago es preguntarte: ¿qué tienes que perder? Es una pregunta importante, y por eso vamos a analizarla.

Razones para no aceptar los rasgos masculinos

Piensa en una de las primeras parejas de las que te hablé, Sam y Tamara del capítulo 1. Cuando la vida hogareña se volvió demasiado estresante, Sam se refugió en su trabajo y Tamara se sintió infeliz. La pareja terminó discutiendo sobre todo excepto el verdadero problema: que al tratar de ser un buen proveedor, Sam provocó un desequilibrio en sus prioridades.

A medida que aumentaron las tensiones en la relación, la ambición y el sentido de responsabilidad que Tamara alguna vez admiró en Sam, se convirtieron en cualidades inaceptables. Ella se sintió ofendida por las mismas actitudes que alguna vez amó, y en respuesta, Sam defendió su idiosincrasia. En lugar de discutir su conflicto, ambos adoptaron un patrón de evasión y quejas. Pero quiero enfatizar que no estoy culpando a Tamara: Sam evitó la discusión tanto como ella, quizá más.

La aceptación parece riesgosa. Y a veces lo es. Algunos hombres usan la aceptación y la tolerancia de una mujer como permiso especial para tener mal comportamiento; pero un buen hombre contestará a la aceptación con aceptación y, por lo general, con gratitud.

La naturaleza de la mente humana nos lleva a protegernos de cualquier peligro, por eso cuando bajamos la guardia y nos arriesgamos un poco más, se presentan los peores escenarios —como corazones y sueños rotos—; incluso cuando la aceptación resulta más benéfica en potencia. Estos son algunos de los temores más comunes de que me hablan las mujeres al referirse a la aceptación de la naturaleza masculina de sus parejas:

• El problema podría intensificarse. Muchas mujeres creen que si interrumpen la dinámica en la que cada quién jala la soga para su lado, el problema se exacerbará; y eso les causa temor. Supongamos, por ejemplo, que un hombre no llama a su novia o esposa con la debida frecuencia. Ella se pregunta dónde está él y qué hace, se preocupa y se siente desconectada. Cree que si deja de presionarlo, él jamás llamará en absoluto.

• *Aceptar su naturaleza es admitir que estoy equivocada.* Si una mujer siente que debe lidiar con el comportamiento de un hombre, quizá crea que invertir la situación sería admitir que él está en lo correcto, y ella se equivoca.

- *Aceptar su comportamiento sería como decirle que él no debe solucionar nada.* Algunas mujeres creen que de no corregir la naturaleza masculina de su pareja, él llegará a la errónea conclusión de que es perfecto a pesar de su comportamiento. Tarde o temprano, su desarreglo, su desorganización o su insensibilidad destruirán la relación.

- *Si lo acepto como es, terminaré haciendo todo el trabajo.* Si una mujer envía un mensaje que hace creer al hombre que sus características son aceptables, no tendrá motivo alguno para mejorar la relación. Ni para sacarla a cenar o darle su biberón al bebé a medianoche. Ella terminará sacrificando sus intereses personales, comprometiendo sus valores y haciendo todo el trabajo en la relación.

- *Descubriré qué tipo de hombre es en realidad, y no me gustará.* Algunas mujeres temen que al abandonar la batalla contra la naturaleza humana de su pareja, se desencadenarán comportamientos insensibles e hirientes que ninguna mujer desea recibir.

Hay otros miedos más complejos que quiero discutir en detalle.

La aceptación significa que el verdadero problema no será solucionado

Pensemos en un hombre que apenas habla. Quizá su pareja teme que de no esforzarse para solucionar el problema, él se desvanecerá por completo. Es perfectamente probable que al aceptar la naturaleza de un hombre se le otorgue permiso para portarse mal, e incluso aprovecharse, pero eso dependerá del individuo. Si tu pareja interpreta tu aceptación como una autorización para devaluar la relación, entonces hay problemas serios porque no existe respeto mutuo.

Lo anterior puede ser muy desagradable pero también te servirá para aprender. Tal vez sea mejor saber la verdad para que ambos respondan de manera honesta y directa ante este conflicto. Hay un par de razones, sin embargo, por las que los hombres buenos responderán bien a la aceptación. En primer lugar, aceptar el pensamiento de los hombres —su modo de abordar los problemas de la relación, cómo se ven en la misma, y las maneras en que ese pensamiento es útil para la pareja—, es muy poco común. Seguramente tu pareja lo disfrutará, y luego anhelará más ese tipo de intimidad contigo.

En segundo lugar, los hombres buenos quieren una buena relación y una pareja feliz. A ellos les satisface ver contentas a sus mujeres, y es posible que esta satisfacción se traduzca en afecto y disposición para que las cosas funcionen mejor.

Si para aceptar la manera masculina de pensar de tu pareja debes comportarte de manera distinta, comunícaselo. Háblale sobre tus intenciones de cambiar de estrategia. Quizá puedas decirle algo como: "Cariño, me doy cuenta de que te he forzado a cambiar y eso no funciona. De ahora en adelante me esforzaré en entender tu modo de pensar y aceptar las distintas maneras en que abordamos las dificultades. Por supuesto, espero que me correspondas de la misma manera, pero no estoy haciendo esto para manipularte, quiero ser el tipo de persona que tenía en mente para nuestra relación."

Sé que tal vez te asuste decir lo anterior. Quizá sea más sencillo si ambos lo experimentan. Si la aceptación fracasa, podrán retomar sus costumbres de siempre o, mejor aún, utilizar la nueva información para incrementar su conocimiento del problema subyacente.

El maltrato podría intensificarse

A algunas mujeres las atemoriza que, al aceptar cualquier problema de comportamiento como el abuso de bebidas alcohólicas, la infidelidad o el maltrato, éste se intensifique. Si te encuentras en este caso, déjame decirte que el problema no es la naturaleza masculina ni la aceptación. Este miedo es señal de problemas serios. El aspecto más importante es la seguridad; si el comportamiento de tu pareja implica cualquier tipo de amenaza, deja este libro, busca un sitio seguro y solicita ayuda.

La aceptación significa renunciar a tu versión de lo que está mal

Hay un último aspecto muy difícil, derivado de aceptar la naturaleza de un hombre: tal vez la mujer confronte la posibilidad de que, de alguna manera, contribuyó a los problemas en la relación.

En lo personal, lo que menos me gusta es enfrentar esa posibilidad. Todos tenemos historias diferentes respecto a nuestras relaciones y su manera de funcionar, y en ellas podemos ser héroes o víctimas, dependiendo de lo que nos convenga.

En nuestra sociedad se ha construido un mensaje común —de las películas a los anuncios—, según el cual los hombres son ineptos para manejarse en las relaciones. Incluso he visto a mis colegas enviar este mensaje, y no me refiero solamente a las psicólogas.

Atribuir los problemas de la relación a la naturaleza masculina, es una salida fácil y, con frecuencia, la misma naturaleza del hombre le permite aceptar la culpa y tratar de cambiar (aunque a veces nuestros intentos son difíciles de reconocer). Aunque la situación resulta conveniente, nadie es feliz porque los patrones destructivos continúan y, por lo general, surgen en los peores momentos.

En una relación, nadie quiere ser el primero en modificar su comportamiento. Para muchas mujeres, por ejemplo, la vacilación en aceptar la naturaleza humana proviene, en esencia, del miedo a que su esfuerzo no le importe lo suficiente a su pareja para responder de una manera sensible y cariñosa.

Cabida para los errores

Un hombre que contestó mi encuesta describió una de las dinámicas que nos desalientan al tratar de hacer felices a las mujeres: "Ellas nunca olvidan nada. Los antiguos errores, las compras desafortunadas, las palabras que se dijeron durante una discusión... No, nosotros no podemos retractarnos jamás porque las mujeres siempre nos recuerdan todo cuando hay un nuevo conflicto. Jamás aceptarán una disculpa ni olvidarán el asunto."

Mencionar sucesos del pasado en una discusión suele ser un recurso con el que las mujeres se aseguran de que las equivocaciones no se repetirán en el futuro. Es una estrategia para la resolución de problemas diseñada para erradicar patrones dolorosos. Pero al hombre que se enfrenta a su pareja, este comportamiento le parece agresivo e innecesario; además, en lugar de atender patrones problemáticos, estos recordatorios se transforman en quejas improductivas respecto a sucesos específicos.

Si uno de los miembros de la pareja (con frecuencia el hombre), se enfoca en los sucesos del presente, y el otro (suele ser la mujer), se obsesiona con los patrones y la historia, en realidad intentan resolver problemas diferentes. A menudo, quien se enfoca en los patrones y la historia, termina sintiendo que no es escuchado; y el que se enfoca en el conflicto inmediato, cree que siempre será castigado por los errores del pasado.

Éste es precisamente el miedo de que me hablan muchos hombres. Uno de ellos lo explicó así: "Cuando ustedes recuerdan nuestros errores del pasado pero olvidan nuestros logros, tenemos la impresión de que esperan que seamos perfectos." Esta situación a menudo conduce a los hombres a retirarse en lugar de alcanzar un estándar imposible.

Los hombres nos sentimos más cómodos en las discusiones cuando conocemos bien las reglas básicas. Al principio de una conversación difícil, establece algunos lineamientos y déjale saber a tu pareja si quieres hablar del problema inmediato, de los patrones del pasado o de tus preocupaciones sobre el futuro. Muchos hombres preferimos hacer una sola cosa a la vez. Si abordamos varios conflictos al mismo tiempo, terminamos desalentados y con la sensación de no resolver ninguno de los problemas que abordamos.

¿Deberías cambiar tú o debería cambiar él?

Atribuirle los problemas a la naturaleza de nuestra pareja es sencillo e incluso satisfactorio. Creo que una de las cosas que lo hace tan tentador, es que a veces estamos en lo cierto, la dificultad es culpa de la otra persona. Y en ocasiones, los hombres podemos comportarnos como imbéciles (las mujeres también, pero es mucho más raro), así que resulta fácil aferrarse a unos cuantos ejemplos de mal comportamiento e imaginar que representan la totalidad de la verdadera naturaleza de tu pareja.

Te daré un ejemplo. Rick se emborrachó una vez —raro en él—, e insultó a la madre de su esposa. No le dijo nada directamente, pero usó una palabra despectiva para referirse a ella frente a su mujer. La verdad es que a él le simpatizaba su suegra, pero en ese momento tenía dificultades con otras personas y dirigió mal su enojo.

El incidente no le causó ningún daño directo a su suegra que, de hecho, jamás escuchó sus hirientes palabras. A partir de ese momento, sin embargo, Angie, su esposa, asumió que ese momento fue una representación de sus verdaderos sentimientos.

Al día siguiente, cuando Rick estaba sobrio, trató de explicarle a Angie que sus comentarios no describían lo que en verdad sentía por su madre, pero ya era tarde. A pesar de los años llenos de evidencias de que Rick admiraba a la madre de Angie, a ésta le costaba trabajo olvidar el comentario, y Rick no podía convencerla de que no era verdad. De hecho, Angie incluso tomó la negación como evidencia, porque pensó: *Rick debe detestarla desde lo más profundo si tiene que esforzarse tanto por ocultarlo.* La reacción de Angie es muy común; a veces la mente se aferra a cualquier cosa que parece amenazante. Su dificultad para olvidar el incidente tal vez provenía de una amenaza que ella percibía contra la armonía familiar. De cualquier manera, Angie refutó la naturaleza de su pareja basándose en un incidente aislado, un comportamiento que se convierte en una bola de nieve y conduce a problemas mayores.

Cuando Angie se casó con la idea de que a Rick le desagradaba su madre, comenzó a actuar como si fuera realidad. Cada vez que Rick veía a su madre, parecía que Angie lo disculpaba, y trataba de mantenerlos separados. También le angustiaba que Rick pudiera insultar a su madre de nuevo, y esa ansiedad propiciaba un ambiente incómodo cada vez que Rick y su suegra estaban juntos.

El comportamiento de Angie no hizo que a Rick le desagradara su suegra, pero estableció una distancia palpable entre ambos. Que Angie negara los verdaderos sentimientos de su pareja, provocó exactamente lo que ella temía de él y, de paso, le impidió a Rick satisfacerla en este sentido, lo cual resultó particularmente hiriente para él.

Esta dinámica se presenta de varias maneras. Por ejemplo, un hombre que teme que su mujer sospeche de él, ocultará sus actividades, lo que, al final, efectivamente provocará sospechas. Sin duda, es la misma dinámica que afectó la relación de Tamara y Sam. Ella creía que él se escapaba al trabajo porque no quería estar con ella, y por eso actuó como si no le agradara a su esposo, a pesar de que él la amaba. Evidentemente, ella no incitó el comportamiento de Sam, pero al rechazar su naturaleza masculina y sus sentimientos, y al creerse la historia que ella se inventó de él, contribuyó —sin darse cuenta—, a crear una atmósfera tan incómoda en su hogar, que Sam sólo deseaba escapar. Así fue como Tamara incorporó sin querer a su propia vida los peores temores respecto a su esposo. Y al igual que Angie, le imposibilitó complacerla: una posición que a los hombres nos desagrada profundamente.

Bien, ahora que entendemos cómo se produce esta dinámica, volvamos a la pregunta de quién debería cambiar en la pareja. Si ves a Sam desde la perspectiva de un abogado litigante, seguramente tendrías muchas razones para decir que él fue responsable de los problemas, porque se alejó de la familia, puso a sus colegas del trabajo por encima de su mujer y no tomó en cuenta las verdaderas necesidades de Tamara. Es obvio que él debería cambiar.

Pero también podríamos reunir suficiente evidencia de que Tamara falló. Ignoró las dificultades que Sam tenía en la oficina, se quejaba todo el tiempo y fue desagradable: cavó en el agujero con la presión que añadió cuando Sam se alejó. Es obvio que ella debería cambiar, ¿no crees?

Bien, si no te parece tan obvio ahora, es porque creo que, en la mayoría de los casos, "¿Debería cambiar yo o debería cambiar él?", es en realidad una pregunta capciosa, un dilema falso. Existe una tercera opción.

Aceptación del otro lado de la moneda

La tercera opción consiste simplemente en abordar los patrones problemáticos como equipo en lugar de forzar a uno de los integrantes de la pareja a cambiar. Usualmente, modificar los patrones problemáticos es más satisfactorio y productivo que la otra opción —en el siguiente capítulo hablaré de cómo hacerlo—, pero por experiencia sé que a la gente se le dificulta cambiar patrones de comportamiento porque casi siempre se enfrasca en la idea de cambiar a su contraparte.

Aceptar la naturaleza de nuestra pareja —es decir, dar por sentado que formará parte de la relación—, puede ser más sencillo si reconocemos que sus actitudes más fastidiosas suelen ser la contraparte de las cualidades que le admiramos. Son las dos caras de una sola moneda. Todos los hombres cuyas historias te he contado aquí, tienen lo que podrías considerar actitudes masculinas fuertes y son estereotipos; rasgos que siempre tienen un lado oscuro:

• Mike era fuerte y estoico, pero su estoicismo produjo un distanciamiento en su relación.

- El deseo que tenía Sam de ser un buen proveedor, lo separó de su familia.
- La confianza en sí mismo de Tyrone, lo hacía parecer autoritario.
- La confianza que Justin tenía en su ingenio, hacía que su esposa sintiera que no le preocupaba lo que sucediera en el futuro.
- El deseo de Óscar de arreglar los problemas de otras personas, provocó que su esposa y su hija se sintieran ignoradas.
- Las intenciones de Andy de tener un hogar en paz, produjeron momentos de intenso conflicto.

En todos los casos, las mejores y peores características masculinas eran los distintos lados de la misma moneda. Por eso, la pregunta que todos los involucrados en una relación debemos hacernos, es: ¿Puedes llevar esas monedas con ligereza en tu bolsillo, y aceptar que conllevan la posibilidad de causarte alegría y dolor?

Creo que expliqué adecuadamente que aceptar los aspectos masculinos puede abrir la puerta a posibilidades que, hasta el momento, parecían inalcanzables. Hacerlo modificará de manera productiva los patrones de tu relación, en lugar de batallar infructuosamente contra la naturaleza masculina de tu pareja: naturaleza que puede ser una aliada sólida y sorprendente.

Llegamos al final de nuestro viaje con Mike, Sam, Tyrone y los otros hombres de quienes hablamos en la primera y la segunda parte del libro. En la tercera nos enfocaremos en cómo comunicarse con el sexo menos comunicativo.

Para el hombre de tu vida:

Reconoce qué tipo de armadura llevas puesta

Caballeros, hablemos de las reacciones emocionales secundarias. Se trata de una herramienta para ocultar la reacción emocional inicial o primaria; es decir, quizá sintamos decepción en el interior, pero por fuera mostramos enojo. Casi todos los hombres fuimos entrenados para ocultar los sentimientos que nos hacen parecer débiles, y por eso los disfrazamos con despliegues de ira, humor, negación y otros. Es un proceso tan automático en la mayoría de los hombres, que ni siquiera nos damos cuenta de que lo utilizamos.

Las reacciones emocionales secundarias nos hacen lucir y sentirnos fuertes, pero tienen un costo. Tal vez la mujer de nuestra vida se frustre o se sienta molesta, herida, aislada, y ningún hombre bueno debe proponerse un objetivo como éste.

Todo hombre que desee una relación más saludable, debe familiarizarse con sus reacciones secundarias personales. Yo, como muchos, me enojo con facilidad, pero esta reacción oculta una respuesta emocional "más suave", como el miedo que aparece cuando estoy a punto de ser decepcionado, o el dolor por ser tratado irrespetuosamente. A veces este daño sólo existe en mi imaginación, pero mis reacciones secundarias surgen de manera real. Reconocer que en realidad son sólo una máscara, me ayuda a responder de manera sensible, no como cabra alebrestada.

No se necesita ser físico nuclear para entender tus reacciones secundarias. Sólo reproduce en cámara lenta los sucesos de tu interior, y analízalos. Si quieres hacerlo con rapidez y eficiencia, contrata a un psicólogo. Uno bueno te ayudará a hacerlo de manera correcta, pero si no te agrada esta opción, utiliza otra estrategia, como escribir lo que pasa por tu cabeza. Así es, dije escribir, como cuando se lleva un diario. Puede ser unos minutos ahora y otros después —en particular si atraviesas momentos emocionales difíciles—; esto te ayudará a entender qué le pasa a tu motor. No tienes que escribir a mano, hazlo en tu computadora y luego, para evitar que alguien vea el archivo, ciérralo como si fuera Fort Knox. Llevar un diario es útil porque te exige procesar información verbal y es una manera bastante eficiente de entender tu funcionamiento interior para no repetir los mismos conflictos.

Las reacciones secundarias son como una armadura emocional; te protegen hasta cierto punto, igual que una cabina con jaula de seguridad a un conductor. Sin embargo, las armaduras y las jaulas son soluciones a corto plazo. Lo mejor es evitar colisiones e incendios desde el principio; eso exige reflexión, y la reflexión implica práctica.

Cómo hablar "hombrés"

Hay personas que hablan con los caballos, quienes se comunican con los perros, e incluso se llevan muy bien con los gatos. Estas personas aprenden a hablar el lenguaje de cada animal en lugar de esperar que el animal hable el suyo. Esta comunicación de dos vías tiene como resultado una relación increíblemente pacífica, y por eso sería muy útil que también la hubiera entre los sexos. Supongo que a una mujer que aprendió a hablar nuestro idioma, se le podría llamar "especialista en hombrés".

Al contrario de los hombres, las mujeres suelen ser muy hábiles con las palabras y las emociones; a nosotros no se nos da, no es nuestro fuerte. Sin embargo, en las relaciones a menudo se nos pide reprimir nuestras mayores habilidades y que, más bien, dependamos de las palabras y las emociones que tanto trabajo nos cuesta manejar.

Estoy de acuerdo con que nos pidan que lo hagamos, pero sólo resulta útil hasta cierto punto. ¿Qué pasaría si los dos sexos se encontraran a mitad de camino y combinaran habilidades verbales y emocionales de las mujeres con el entusiasmo por resolver problemas de los hombres? Piénsalo, ¡combinando lo mejor de ambos podrías convertirte en hablante certificada de "hombrés"!

7. Rompe el patrón, no al hombre

Éste es uno de los sentimientos más comunes y destructivos que aporta una mujer a la relación: *Si me amaras, no actuarías de esa manera.* Es una idea que aparece disfrazada de muchas maneras: *No serías tan estoico. No te pasarías los domingos viendo deportes. No evitarías a mi familia. No pasarías tanto tiempo en la oficina.*

Las mujeres suelen hacer aseveraciones como las anteriores para confirmar que cuentan con el amor de un hombre. A veces funciona, pero por lo general sólo produce sentimientos opuestos al amor. Es una noción que termina siendo destructiva por dos razones.

En primer lugar, porque las afirmaciones contradicen e invalidan lo que tal vez siente el hombre, ya que él ama a su pareja *y también* disfruta de ver deportes en la televisión. Si una mujer acusa en repetidas ocasiones a su hombre de no amarla, él podría creerlo porque es increíblemente desalentador escuchar algo así de la mujer a quien se ha entregado uno.

En segundo lugar —para enfocarnos en el tema de este capítulo—, esta falsa dicotomía ("Si me amaras no...") distrae a la pareja demasiado de lo que en verdad sucede en la relación. Lo he visto innumerables veces con mis pacientes: en cuanto una mujer pronuncia alguna de las distintas versiones de este sentimiento, la pareja se enfrasca en una discusión sobre si el hombre demuestra su devoción de manera suficiente o no.

Ella: A veces creo que si en verdad me amaras, desearías pasar más tiempo conmigo.

Él: Eso es ridículo. ¡Si no te quisiera, no me habría casado contigo! Además, hacemos cosas todo el tiempo. Yo ni siquiera me quejé cuando me llevaste arrastrando a ese estúpido *baby shower* mixto la semana pasada.

Ella: Sólo fuiste porque sabías que me pondría furiosa si no me acompañabas.

Él: ¡Ay, por favor! Hago todo lo que me pides.

Ella: ¡Sí, y siempre con una carota y puchero permanente!

Y así, por los siglos de los siglos... Esta situación es como un agujero espacio-temporal que envía a la pareja a una galaxia lejana y le da poquísimas oportunidades de volver a casa alguna vez. Es agotadora e interminable, y, a fin de cuentas, nadie queda satisfecho.

A menudo, el verdadero problema se resume así: la mujer se siente sola, su pareja cree que no la complace, y luego ambos caen en esta trampa antinatural. Por desgracia, cada vez que alguno de ellos dice, "Si me amaras...", el otro se pone a la defensiva. Un hombre al que se le dice esa frase, tarde o temprano llegará a la conclusión de que no hay manera de complacer a su mujer.

Las situaciones en las que nadie gana son devastadoras para toda relación. Para ilustrarlo mejor, analizaré un ejemplo detallado, y luego discutiré cómo no poner a un hombre en posición de que nunca gane.

Tim y Julie

Tim y Julie tenían treinta y tantos años cuando se casaron, y para ambos, éste era su segundo matrimonio. Tim decía que su primera esposa se había divorciado de él porque nunca estaba satisfecha: "Quizá no estábamos destinados a vivir juntos. Me daba la impresión de que jamás hacía suficiente por ella, no era el hombre que en verdad necesitaba".

Cómo piensan los hombres

"Ella puede convertir cualquier cosa en una discusión. En cuanto se enoja conmigo, ya no hay manera de escapar."

El primer matrimonio de Julie también fue desagradable: "Jamás pude confiar por completo en mi primer esposo. Desde el principio supe que tenía una novia. Quizá se enderezó más adelante, pero siempre tuve la sensación de que ocultaba algo. Reñíamos todo el tiempo respecto a dónde estaba y qué hacía.".

Tim y Julie se enamoraron después de divorciarse de sus cónyuges. Como salían de malos matrimonios, anhelaban afecto, cercanía, y cuidar de alguien más sin las críticas y sospechas que atormentaron sus relaciones previas. En los primeros días, todo parecía sencillo y gozoso: en perfecta sintonía.

Por desgracia, todas las lunas de miel llegan a su fin y, varios meses después de que esto les sucedió a ellos, Tim se dedicó más a su trabajo y se alejó de Julie. No tenía la intención de ignorarla o marginarla, sólo recuperar el equilibrio que, en su opinión, había perdido. Disfrutó de la luna de miel, pero lo veía sólo como una etapa. De pronto creyó que había llegado el momento de enfocarse de nuevo en el trabajo.

Como es típico entre los hombres, Tim no le dijo esto a Julie, sólo dio por sentado que ella se sentía de la misma manera, en especial porque sus pensamientos y sentimientos siempre estuvieron sincronizados.

Julie, percibió que Tim se alejaba sutilmente. Notó que pasaba más horas en la oficina, era menos afectuoso, y a veces lucía preocupado. Los cambios en tiempo y atención, despertaron sus antiguas ansiedades.

La última vez que sintió que un hombre se alejaba, fue justamente al comienzo del declive de una relación que culminó en divorcio. Julie trató de negar sus dudas, pero la ansiedad la condujo a cuestionar la devoción de Tim, y le preguntó qué hacía, por qué pasaba menos tiempo con ella, y cuándo volverían a estar juntos como solían hacerlo.

Eran preguntas perfectamente razonables a las que Tim debió responder con explicaciones lógicas, decirle a Julie que la amaba igual que siempre. De responder de esa manera, quizá habrían tenido una conversación productiva y amorosa acerca del tiempo que pasaban juntos.

Pero, al igual que le sucedió a Julie, la ansiedad se apoderó de Tim. En cuanto ella lo cuestionó, él pensó en su primera esposa —la mujer a la que nunca pudo satisfacer y que, al final, lo abandonó—, y por esta razón respondió con brusquedad. En una ocasión que ella lo llamó al trabajo para saber a qué hora regresaría a casa, él fue cortante y le dijo: "Estoy trabajando. Iré a casa cuando termine." Julie sintió que la evadía de modo grosero cuando, en realidad, sólo estaba nervioso y esperaba que una respuesta firme bastara para mostrarle que no le gustaba que lo manipularan o cuestionaran.

La situación empeoró rápidamente y se transformó en un ciclo doloroso para ambos. Entre más presionaba Julie para asegurarse del amor de Tim, más se resistía él; y entre más se resistía él, más presionaba ella. No pasó mucho tiempo antes de que sus conversaciones se volvieran más agresivas y, mientras Julie decía cosas como: "¡No sé ni para qué me molesto en hablar contigo si siempre huyes!", Tim le gritaba enojado "¡Pues quizá no deberías acosarme!"

Finalmente llegaron a un callejón sin salida en el que Tim evitaba cualquier conversación respecto a la relación, y Julie sentía que debía perseguirlo todo el tiempo, desenterrando limosnas de información y afecto. De hecho la situación comenzó a recordarle demasiado a su primer matrimonio porque, en él, nunca sabía lo que pasaba y siempre tenía miedo de que las conversaciones se transformaran en riñas sin advertencia alguna.

La situación era igual de dolorosa para Tim. Como en su primer matrimonio, no había manera de mantener feliz a su mujer. Sintió que fracasba de nuevo en el amor. Él y Julie podían tener conversaciones civilizadas acerca de temas triviales e incluso disfrutaban de la compañía mutua la mayor parte del tiempo, pero a Tim le aterraba que sus pláticas se tornaran más profundas. Su temor le hizo prácticamente evitar a Julie, y en ocasiones se preguntaba cómo habían llegado a ponerse tan mal las cosas.

Identifica el patrón

Elegí la historia de Tim y Julie por dos razones. En primer lugar, porque cayeron en un patrón de retirada y persecución en el que Tim evitaba las conversaciones y Julie lo acosaba. Éste es quizá uno de los patrones más comunes en las relaciones, y se vincula casi directamente con las diferencias entre la naturaleza femenina y la masculina. Y en segundo lugar porque, como este patrón influye en buena medida en el pensamiento masculino, da la oportunidad de echarle un vistazo a la forma en que piensan los hombres.

Para que una pareja rompa un patrón, primero debe aceptar que existe. Suena obvio, ¿verdad?; por desgracia, la detección de patrones es una de esas habilidades más fáciles de describir que de desarrollar. De hecho, si tuviera que escribir un diccionario de relaciones, lo definiría como una serie de comportamientos repetitivos que las parejas dejan de notar.

Esto sucede, en parte, porque las emociones se nos atraviesan en el camino. Tim, por ejemplo, sentía el miedo y la frustración de volver a fracasar. Cada vez que una discusión fuerte se hacía inminente, la opresión que le causaba su miedo —que, por cierto, él no reconocía ni podía nombrar—, lo instaba a ir en la dirección que le parecía segura y a alejarse de una conversación dolorosa.

Las parejas también se vuelven ciegas ante los patrones porque es muy fácil caer en la trampa de los incidentes nimios en lugar de enfocarse en las heridas emocionales que provocan. Tim y Julie podían pasar días enteros discutiendo sobre la agenda de él sin reconocer el dolor que ambos sentían. Andrew Christensen, profesor de psicología de la UCLA, me dijo que las parejas suelen obsesionarse con la flecha en lugar de atender la herida. En general es más productivo hablar de vulnerabilidad emocional que del incidente que la desató.

Hablé con Christensen sobre los patrones como ese en que cayeron Tim y Julie —tan común que los investigadores lo nombraron "patrón de exigencia-retirada"—, y me dijo que el papel que cada miembro de la pareja desempeña en este patrón, depende de lo mucho que inviertan en la relación en un determinado momento. Por ejemplo, si un hombre quiere sexo pero la mujer no, entonces él estará en el papel de exigencia y ella en el de retirada. Christensen me dijo que las mujeres suelen encontrarse en el papel de exigencia porque, en general, desean más cercanía que los hombres. Además, intentan mejorar sus relaciones más que los hombres y, según Christensen, ésta podría ser una de las razones por las que ellas proponen la terapia de parejas con más frecuencia que ellos.

Los hombres también desean cercanía, por supuesto, sólo que es distinta. Un hombre me dijo: "Los hombres somos gente sencilla y directa, y sólo queremos calidez e intimidad." Otro comentó: "Casi siempre ocultamos nuestras emociones, pero eso no significa que no tengamos sentimientos; más bien elegimos no mostrarlos más de lo necesario."

Aunque ambos sexos desean intimidad, Christensen cree que resulta lógico que las mujeres se encuentren con más frecuencia en el papel de exigir cercanía emocional. Durante la mayor parte de la historia de nuestra especie, las mujeres han necesitado una relación más sólida para sentirse protegidas en tiempos de vulnerabilidad, como durante el embarazo y la crianza de los hijos. Los hombres, por otra parte, siempre han tenido menos que perder y, por lo tanto, no han requerido de tanto contacto. (Me parece que también vale la pena destacar que los hombres se involucran con frecuencia en actividades realizadas en equipo y lejos de casa, que contribuían a la supervivencia de mujeres y niños.) Es fácil imaginar la manera en que nuestros ancestros desarrollaron el patrón de exigencia-retirada que nos heredaron.

Independientemente de la manera en que hayamos llegado a la situación actual, Christensen descubrió que, aunque a menudo los hombres se retiran del conflicto para evitar problemas, el resultado es una experiencia traumática para las mujeres. El psicólogo me dijo: "Los hombres no se dan cuenta de lo doloroso que es su alejamiento; sólo piensan, *Si no nos estamos llevando bien, entonces mejor sólo vamos a evitarnos y dejemos de hablar.* Ésta parece una solución muy concreta, pero para las mujeres, o para cualquiera que quiera tener un vínculo más sólido, el resultado puede ser demasiado doloroso."

Cómo darle una manera de ganar

Por experiencia puedo decir que muchas parejas tratan de resolver sus dificultades enfocándose en sucesos aislados en lugar de atender patrones de dimensiones mayores. Al igual que Tim y Julie, se ahogan en un vaso de agua, discuten sobre incidentes específicos y soslayan que ya han tenido la misma pelea por distintos sucesos. Por ejemplo, sin importar si reñían sobre los horarios de trabajo de Tim o el tiempo que pasaba con sus amigos, Julie seguramente pensaba: *Si descubrimos por qué pasa más tiempo lejos de mí, tal vez podamos solucionar el problema. Quizá se dé cuenta de lo mucho que me lastima, y estemos juntos de nuevo.* Mientras tanto, lo más probable es que Tim pensara: *Me gustaría que se diera cuenta de que la amo. Si terminara con esta discusión, tal vez volver*íamos a estar juntos.

Ahora te daré una recomendación sobre la naturaleza humana que, en realidad, no es tan secreta: los seres humanos no cambiamos de estrategia con facilidad. Si nuestro sistema no funciona, hombres y mujeres nos empeñamos en aplicar estrategias ineficaces y, en el caso de las relaciones, esto puede dar como resultado una fijación en los aspectos incorrectos del problema. Tim y Julie se enfocaron en la flecha en lugar de ahondar y averiguar cuál era el conflicto; por eso perdieron de vista las heridas: Julie se sintió abandonada, y Tim, criticado e inepto. Éste se convirtió en su patrón de exigencia-retirada, y es lo que deben discutir. Tal vez pienses: *Sí, mi pareja querrá hablar de sus emociones ahora mismo.* Tal vez sea correcto dudar, pero de acuerdo con mi experiencia, hay más de una razón por la que los hombres están más dispuestos a hablar de patrones, que de deficiencias o fallas en su comportamiento. ¿Por qué?

En primer lugar, el patrón es un problema identificable que el hombre puede abordar. Uno de los miedos comunes entre nosotros es que todas las discusiones son una especie de propuesta para que salgamos perdiendo. Uno de los encuestados me dijo: "Los hombres queremos eliminar las adivinanzas, saber que sí hay una respuesta correcta." Al enfocarte en el patrón en lugar de en los sucesos específicos, le das al hombre la esperanza de resolver el conflicto. Este hombre lo dijo de una manera burda, pero describió bien lo que muchos, por desgracia, terminan pensando acerca de sus parejas: "Creo que los hombres estaríamos más inclinados a comunicarnos si las mujeres estuvieran más dispuestas a ir al grano y arreglar el problema, en lugar de evitar la solución y enfocarse en los síntomas."

Quizá te parezca raro escuchar a un hombre quejarse de que las mujeres evitan las soluciones, cuando sienten que somos precisamente nosotros quienes eludimos las conversaciones. Pero, de hecho, así es como muchos nos sentimos cuando el mismo problema surge en más de una ocasión, y no llegamos a un acuerdo. Los hombres pensamos que a las mujeres les interesa más perpetuar los problemas que resolverlos.

La segunda razón es que los hombres, de manera tradicional, estamos más dispuestos a enfocarnos en los patrones que en sucesos o fallas específicas porque esto nos ofrece un mensaje de responsabilidad compartida: nos dice que no seremos atacados. A menudo sentimos que sólo nos culpan de las dificultades en la relación, y no hay manera de escapar de ellas; al enfocarnos en los patrones, en cambio, se evita esta sensación de incompetencia o desesperanza que nos obliga a retirarnos.

Cómo piensan los hombres

"Quiero que ella sea feliz y me frustra que problemas que se pueden resolver con facilidad, se aborden como crisis insuperables. En serio, yo lo único que quiero es que haya paz en el hogar pero, para bien o para mal, mi esposa es la que define esto."

Aunque tal vez sea difícil alejarse de los sucesos específicos —las flechas—, en realidad es muy sencillo detectar patrones y notar cómo se repite la misma herida una y otra vez. Si en este momento te preguntas si ambos cayeron en un patrón destructivo, piensa si alguno de ustedes ha dicho alguna vez cosas como:

- "¿Por qué siempre me haces esto?"
- "¿Por qué tenemos que pelear por lo mismo una y otra vez?"
- "Eso fue hace años, ¿por qué no dejas de mencionarlo?"

Sí lo han hecho, lo más probable es que se estableció un patrón. Notarlo puede ser lo más difícil, pero una vez que aflora —es decir, que ya le asignaste palabras y observaciones—, su mecanismo interior se hace más evidente. Un buen terapeuta también ayuda a la pareja a no lanzar flechas y a sanar las heridas.

Quizá te preguntes qué sigue después de que el patrón sale a la luz eidentificas cómo funciona. Bien, en la ingeniería masculina sólo hay una respuesta: repararlo.

Modifica el patrón

Antes de que hable sobre cómo mejorar una situación creada por un patrón destructivo, te daré un ejemplo de cómo empeora. Esto fue lo que le sucedió a Esther, quien trajo a su esposo Ethan a terapia porque sentía que ya no confiaba en él. A ella le preocupaba que él se fuera de juerga, anduviera detrás de otras mujeres e hiciera todas las cosas que hacen los chicos malos.

Sus sospechas casi siempre conducían a discusiones acaloradas en las que ella lo presionaba para que le explicara dónde había estado y haciendo qué, pero sus respuestas jamás la satisfacían. Sin importar cuán detallista fuera Ethan en sus explicaciones, Esther siempre se aferraba a lo que le parecían "huecos" en la narración, y lo interrogaba con más vehemencia. Lo abrumaba con fechas, horas e incidentes específicos; pasaban horas discutiendo sobre detalles sin importancia. En las discusiones Esther siempre se mantenía a la ofensiva y su esposo a la defensiva. Ambos se enfocaban en mil flechitas, pero jamás hablaban de la herida.

La verdad es que el esposo de Esther le había dado razones para desconfiar de él en el pasado, y eso sembró una semilla de sospecha que, más adelante, acabó con la relación. Aunque Ethan trató de reparar sus faltas e hizo cambios sustanciales en su comportamiento, los continuos interrogatorios de Esther le hacían pensar que jamás lo perdonaría. Tiempo después llegó a sentir tanto resentimiento hacia sus acusaciones, que ocultó su comportamiento; a veces no decía dónde estaba a pesar de no hacer nada malo: intentaba proteger su dignidad pero, en ese proceso, actuaba como si no se pudiera confiar en él.

Modificar un patrón puede ser bastante incómodo. Construir los cimientos para un cambio significativo en una relación implica ofrecerle a la otra persona justamente lo que menos queremos dar. En el caso de Esther, eso significaría confiar en Ethan después de perdonarlo. Quizá sea injusto algo así: ¿por qué debería Esther demostrar confianza si Ethan se comportó de manera indigna en el pasado? ¿Por qué ella limpiaría el camino hacia la felicidad?

Si hubiera escrito este libro para los hombres, ahora estaría desafiándolos a llevar a cabo una tarea diferente pero igual de difícil. Es lo que suelo hacer en mis terapias, y lo haré en la sección para hombres al final de este capítulo. En este caso, sin embargo, el desafío se lo presentaría a Esther sin ningún chantaje y, por supuesto, la elección sería completamente suya.

Como los hombres suelen sentirse menos preparados que las mujeres en lo que se refiere a las relaciones, es importante encontrar una posición que ayude a tu pareja a bajar sus defensas. ¿Debió Esther confiar en su marido? Es algo que no me toca a mí decir; depende de si ella creía que los cambios eran genuinos o no. Ofrecerle confianza a un transgresor hace a cualquier persona vulnerable, y yo no sé si Ethan la merecía.

Lo que sí digo con toda certeza es que Ethan y Esther cayeron en un patrón de comunicación similar al de Tim y Julie: atrapados en las minucias, les era imposible resolver el conflicto mayor porque se enfocaban en los ejemplos fugaces. Esther le preguntaba a Ethan dónde estuvo, él respondía a la defensiva, y luego ella contestaba con más sospechas. Era agotador y, claro, no era la relación que Esther quería porque le hacía perder de vista los valores respecto a su modo de relacionarse.

La alternativa de Esther para evitar que la actitud defensiva de Ethan creciera —y éste es el verdadero desafío—, sería ofrecerle algo que bajara sus defensas. Quizá esto significaría abandonar la batalla para obtener afecto y cercanía, y permitirle a Ethan demostrarle ese afecto cuando él quiera y a su manera.

Quizá sea útil que hables sobre las muestras de cariño con tu pareja para reconocerlas cuando se presenten porque, como ya mencioné, a veces los hombres somos tímidos al mostrar nuestro amor. Algo tan poco romántico como reparar una llave de agua que gotea, podría significar más para él que para ti.

Abrirte a tu pareja así quizá te parezca todo un reto, y tal vez hasta peligroso porque existe la posibilidad de que él no reaccione con reciprocidad. Pero en general, un buen hombre estará feliz de corresponder a tu esfuerzo en cuanto vea un camino libre hacia una relación pacífica.

Tan difícil como el 1-2-3

En cuanto nos atrapa un estire y afloje como el de Esther o el de Julie, nos cuesta trabajo ver más allá de la soga. Sin embargo, las parejas en esta situación tienen más opciones de las que creen, y no deben permanecer en patrones dolorosos.

Más adelante delinearé una receta sencilla (pero desafiante), que los ayudará a diseñar patrones nuevos y saludables. Antes, debo darte un consejo: en cuanto decidas dejar de jalar para tu lado, explícaselo a tu pareja y hazle una ofrenda de paz.

En el caso de Julie, la ofrenda de paz podría ser: "Tim, me doy cuenta de que intenté que tuvieras más intimidad conmigo, que te forcé a pasar más tiempo a mi lado. Me doy cuenta de que eso sólo empeora las cosas entre nosotros. No he actuado como la persona que quiero ser en esta relación, y por eso dejaré de ser tan exigente, seré más amorosa."

Y en el caso de Esther podría ser: "Ethan, me costó mucho confiar en ti, y por eso actúo como si no fueras digno de confianza. Esto sólo empeoró la situación y me impidió ser la pareja que deseo. A partir de ahora confiaré más en ti."

Sé que es difícil decir estas cosas y, de hecho, son afirmaciones que te harán vulnerable ante las mismas heridas que tratas de evitar. Pero no hay garantías de seguridad emocional; la única base de tu decisión, es el carácter de él.

Ahora sí, te daré la receta de la ingeniería masculina para modificar patrones destructivos:

- Observa cuando el patrón se reafirme.
- Interrumpe el patrón.
- Remplaza el comportamiento.

1. Nota cuando el patrón se reafirme

En cuanto hagas tu ofrenda de paz, tú y tu pareja deberán conversar sobre el patrón surgido en su relación.

Julie podría iniciar la conversación así: "Me doy cuenta de que ya no deseas estar conmigo, y por eso insisto en pasar más tiempo juntos. Pero esto parece alejarte." Esther podría decir algo como: "Noto que cuando me siento insegura respecto a ti, te presiono y exijo detalles. Y esto te dificulta comunicarte conmigo."

Tanto los hombres como las mujeres podrían solicitar que, en el futuro, cada vez que uno de los miembros de la pareja detecte que estos viejos sentimientos resurgen (cuando Esther, insegura, tenga sospechas, cuando Julie, esté sola, o cuando sus parejas se alejen), identifiquen el patrón y su manifestación, y denle nombre a la experiencia. Identificar el patrón en cuanto aflore de nuevo, es de vital importancia porque, de no hacerlo y asignarle nombre, la pareja volverá a caer en él.

2. Interrumpe el patrón

El siguiente punto es parar en seco la vieja interacción habitual, en cuanto el patrón se manifieste. Piensa en las luces de advertencia de los tableros de automóviles: te alertan de que algo anda mal, pero no necesariamente te dicen cuál es el problema. Los pensamientos y los sentimientos que aparecen en cuanto el patrón amenaza con resurgir, son como esas luces de advertencia.

Esther, por ejemplo, podría notar ese sentimiento de no confiar en Ethan, o advertir que algo en su interior le dice que es deshonesto. El percibiría un destello de ira en cuanto Esther lo interrogue, o pensar que no es flexible, y nunca confiará en él. Estos sentimientos y pensamientos son luces de advertencia: *Deja de manejar, debes detenerte y revisar el motor.*

Es muy importante identificar y discutir estas señales, darles nombre, para que ambos comprendan que resurgieron. La mayoría de las parejas descubre que, en cuanto identifican las señales, resulta muy útil un descanso, y retomar la conversación después de cierto lapso acordado. Esto les da la oportunidad de elaborar una respuesta más mesurada. Pero no te sorprendas si tu pareja necesita más tiempo que tú para asignarle nombre a su experiencia.

3. Remplaza el comportamiento

En cuanto retomen la conversación —es importante que ambos lo acuerden previamente—, hablen de las heridas antes de las flechas.

Julie, por ejemplo, podría comenzar la plática así: "Cuando dijiste que no podías salir a tiempo de la oficina, creí que no me amabas lo suficiente para estar conmigo." Esther podría decir: "Como no supe a dónde fuiste en tu hora de comida, pensé que no confiaba en ti."

En ese momento, tu pareja atenderá la herida, no la flecha. Es útil hablar de la estrategia con anticipación, es decir, antes de que el patrón los atrape de nuevo. Explícale a tu pareja que cuando te acerques a él con intención de romper el patrón, esperas que reconozca cómo te sientes, en lugar de arrastrarte de vuelta a la pelea. Asimismo, a él le será útil identificar su reacción, y que tú la reconozcas.

Por ejemplo, Tim podría decirle a Julie: "Sí, cuando te vi molesta, sentí la necesidad de poner fin a la plática, pero te amo y quiero pasar tiempo contigo." No tengas miedo de entrenar a tu pareja para que use las palabras que te ayudarán a ti y romperán el patrón. Quizá no desees asesorarlo a ese nivel porque sentirás que sus palabras no son del todo genuinas, y eso es perfectamente natural. Sin embargo, recuerda que si no lo haces, él sentirá de nuevo que no hay ninguna vía a la felicidad, y que ocultaste la llave a tu corazón una vez más.

A veces no sabemos qué las hace felices, a menos que nos lo digan; pero esto no es necesariamente un reflejo de lo que sentimos por ustedes. Quizá sólo represente que hombres y mujeres demuestran su afecto de maneras distintas.

Por qué los hombres no leen las instrucciones

Debo confesar que, respecto a la lectura de los manuales de instrucciones, soy igual a los demás hombres. Trato de arreglármelas solo, y sólo recurro a ellos como última opción.

Todo comienza en la niñez. Los chicos aprenden por medio de la experimentación y manipulación de objetos en el mundo físico. Es parte del enfoque introspectivo e individualista de la mente masculina para resolver problemas, mencionado al principio del libro.

Este hecho tiene peso en las relaciones porque parece que a los hombres no les importan los problemas de pareja cuando, en realidad, muchos pasamos mucho tiempo pensando en nuestras relaciones. De seguir a varios hombres por todo un campo de golf, escucharías estas preocupaciones. Aunque claro, las oirías intercaladas en conversaciones sobre negocios, autos y buen whisky.

Sin embargo, no abordamos nuestros problemas de pareja yendo a una librería por un manual acerca de cómo actuar con ustedes. Abordamos estos conflictos igual que todos los demás: experimentamos para ver qué funciona y qué no. Por esto muchos hombres caen en el patrón del silencio o la retirada: Alejarse reduce el conflicto y restaura el orden. Funciona.

Pero claro, nadie dijo que funcionara *bien*. La retirada es una solución temporal, y los hombres lo sabemos. Si la oportunidad se presenta, la mayoría optamos por soluciones a largo plazo para los problemas de pareja; por eso sugiero una estrategia de resolución de conflictos que incorpore aquello en lo que somos buenos: identificación sistémica de problemas, y su erradicación inmediata.

Los hombres somos geniales para solucionar problemas como hoyos en el techo, virus en las computadoras y cascabeleos del motor. Entonces, ¿por qué no aprovechar esta capacidad para mejorar nuestras relaciones también?

¿Qué sucede si él no te sigue el paso?

Muchos hombres me dicen que sienten una desventaja verbal frente a las mujeres de su vida. Se quejan de no pensar con la misma rapidez en las discusiones, o que a sus parejas se les facilita mucho más recordar la historia de la relación. Sin embargo, estos mismos hombres suelen tener buenas reflexiones respecto a los patrones de sus relaciones. Si se le da la oportunidad, y cuenta con una estrategia adecuada para el sexo masculino, la mayoría se esforzará al máximo para mejorar sus relaciones.

Por supuesto, también es posible que la estrategia 1-2-3 falle, o que tu pareja la use para no lidiar con los problemas. Él podría, por ejemplo, no retomar la conversación después del tiempo acordado.

También debes saber que modificar patrones puede revelar otros conflictos o crear nuevos; al menos en el corto plazo. Es posible que se hagan evidentes los resentimientos de alguno, o ambos descubrir que el conflicto está tan arraigado, que será difícil manejar la situación de una manera más constructiva. Incluso quizá descubras que tu pareja no tiene tu mismo nivel de empeño en mejorar la relación.

Yo, en lo personal, prefiero que los problemas salgan a la luz para encontrar una nueva manera de abordarlos, incluso si, al revelarse, parecen más desalentadores. Pero no a todo mundo le agrada esta opción. Además, quizá no todas las dificultades —entre ellas las más pequeñas—, afloren. Antes de acercarte a tu pareja para que exponga sus verdaderos sentimientos, piensa en todo lo anterior porque quizá haya más de lo que ambos imaginan.

Antes de embarcarse en un proceso para modificar sus patrones, te recomiendo una discusión honesta sobre la posibilidad de efectos secundarios desagradables. Dicho lo anterior, te aseguro que muy rara vez he visto que un cambio de patrón resulte desfavorable. A pesar de que modificar nuestras actitudes sea doloroso o desafiante, lo más probable es que, al final, la relación mejore.

Para el hombre de tu vida:

Sé impecable

Este capítulo abordó los patrones que surgen de manera repetitiva en las relaciones. Aquí tienes un ejemplo: Tu pareja quiere que salgan con amigos, y tú debes trabajar hasta tarde. Ella contesta: "Nunca quieres pasar tiempo conmigo", y entonces esa vieja pelea que han tenido mil veces, se desata de nuevo.

En este capítulo desafié a tu pareja a romper con este patrón repetitivo. Le pedí hacer lo que menos desea al comenzar la discusión: pensar en tus necesidades justo cuando tú ignoras las de ella (éste es un mandato primordial para ambos). También la reté a confiar más en tu capacidad, y en la noción de que, si demuestra su fe en ti, te comportarás a la altura.

Ahora te reto a ayudarla. Aquí hablé sobre cómo abordar los problemas de la relación de manera más amable para los hombres, es decir, dependiendo menos de las palabras y más de la acción.

¿Pero, por qué no lees todo el capítulo? Aquí te espero.

¿Listo?

¡Genial!

Si la mujer de tu vida está dispuesta a probar una nueva estrategia —una que, por cierto, la coloca en una situación de vulnerabilidad—, tu deber es mantenerla a salvo. Lo peor que podrías hacerle —a ella y a ti mismo—, es arriesgarla con la promesa de que la apoyarás, y no cumplir tu palabra.

Si ambos intentan lo que sugerí en este capítulo, quizá ella desee hacer las cosas de manera distinta. Por ejemplo, tal vez te solicite que al principio de una discusión, cada quien vaya a su esquina por una hora, y luego hablen de lo que piensan y sienten. Quizá incluso te pida que utilices tu reflexivo cerebro masculino para identificar los problemas sistémicos que hacen que el motor de la relación cascabelee.

No aceptes hacer esto a menos de que estés dispuesto a cumplir o a morir en el intento. No la fuerces a desconfiar de ti justamente cuando intenta mejorar su vida juntos.

Hazte un favor y sé impecable en tus palabras y acciones. Me parece que la clave de la impecabilidad es mantenerse por encima de nimiedades antes de que crezcan. Si dices que construirás una repisa, constrúyela; si te tomas un descanso durante una discusión y prometiste volver en una hora, regresa. Algunas mujeres felices y relajadas saben por experiencia que su pareja es un hombre que cumple su palabra, incluso en los asuntos de menor importancia.

8. Tras bambalinas

Los hombres dejamos a las mujeres preguntándose qué se oculta detrás de las reacciones emocionales secundarias, que aparecen en el exterior para enmascarar lo que nos pasa por dentro. Imagina a un hombre que se enoja mientras repara su auto. En su interior quizá se sienta frustrado o desilusionado de sí mismo porque su tarea interfiere con su día de trabajo. Quizá oculte esos pensamientos e ideas tras el coraje que dirige al exterior: ¿Quién habrá sido el ingeniero idiota que ocultó el compartimiento de la batería detrás del panel del cuarto? ¡Mejor lo hubiera enterrado bajo una losa de concreto! Nosotros enmascaramos nuestros pensamientos y sentimientos más profundos detrás de una capa generosa de hombría. Sí, sé que estás pensando, *Pfff, no me digas*.

Como estamos tan acostumbrados a ocultar nuestras emociones, nos resulta muy tentador creer que las vivimos en menor grado que las mujeres. O quizá sea más preciso decir que, injustamente, las mujeres tienen reputación de ser demasiado emotivas. La verdad es que nuestras emociones son bastante similares a las suyas, pero nosotros las expresamos de manera distinta. Las mujeres no son demasiado emotivas (de cualquier manera, ¿cómo medirías eso?), y los hombres no son insensibles.

Hay, sin embargo, algunas distinciones sutiles en la forma en que hombres y mujeres viven sus emociones. Ambos sexos experimentan sentimientos como la vergüenza, de modo ligeramente distinto; sin embargo, la diferencia es mucho menor de lo que uno imagina (Else-Quest *et al.*, 2012). Destaco, sin embargo, que a pesar de la poca diferencia, la intensidad es similar.

Hasta el momento, no existe evidencia confiable que sugiera que los hombres experimentan emociones primarias como tristeza, alegría o miedo, en un grado menor que las mujeres. Si ocultamos estos sentimientos no quiere decir que no los tengamos. En parte, los hombres somos menos expresivos porque nos enseñaron a ser estoicos (Kring y Gordon, 1998). Las enseñanzas sobre el estoicismo también nos llevaron a generar reacciones secundarias.

Partiendo de lo anterior, analicemos la historia de Gina y Brett, involucrados en un patrón de relación destructivo. En esta ocasión, sin embargo, en lugar de enfocarnos en el patrón como hicimos hasta ahora, veamos qué le pasa a Brett tras bambalinas.

GINA Y BRETT

Gina y Brett se conocieron al salir de la universidad; era la primera vez que ambos trabajaban, y fueron contratados por un despacho contable. Brett le expresó a Gina su interés romántico por primera vez una mañana que le llevó café. Él notó el poco usual hábito que ella tenía de endulzar su café con miel, y a ella le impresionó que él hubiera atinado incluso en la cantidad. Esto hizo que Brett se sintiera muy bien.

Cuando salieron, a Brett le encantaba hacerle pequeños favores a Gina para que su trabajo y su vida fueran más sencillos. Eran pequeños actos de servicio que lo hacían sentir bastante bien. La forma en que Brett fue criado le provocaba cierta inseguridad sobre su valor como persona, pero descubrió que servir a otros era una manera conveniente de reafirmarse. No estaba realmente al tanto de que así compensaba su baja autoestima, pero sabía que, por alguna razón, ser útil aliviaba un poco su ansiedad.

También disfrutaba de la respuesta de Gina a sus favores: ella era dulce y apreciaba su esfuerzo de una manera excepcional. Le agradaba ocultar notas de agradecimiento en el escritorio de él, y enviarle mensajes de texto románticos; y, en ocasiones, algunos un poco más atrevidos. La forma en que ella fue educada también la hizo algo insegura, así que la atención de Brett satisfacía la necesidad de reafirmarse, así como de ser valorada. Gina le correspondía a Brett haciéndole favores ocasionalmente, pero al principio de la relación se desarrolló un patrón que para él estaba más en sintonía con las necesidades de Gina, que de ella con las de él.

Brett y Gina se casaron y tuvieron un hijo. Para ese momento el patrón adquirió un matiz completamente distinto. Ya habían desaparecido los cafés endulzados con miel y las notas ardientes de agradecimiento. A medida que la relación maduró, los pequeños rituales que alguna vez significaron tanto, cedieron el paso a las exigencias de la vida. Sencillamente, la pareja ya no tenía tiempo suficiente para sus antiguos detalles románticos, o no encontraba cómo retomarlos. De cualquier manera, de pronto se encontraron en conflictos repetitivos que, en el fondo, eran una irónica contraparte del patrón al principio de su relación.

Lo más confuso para Gina eran las respuestas contradictorias de Brett. Una vez, por ejemplo, le pidió ponerle gasolina a su auto, y él se mostró sumamente frustrado. Después dijo que su reacción resultó de la fatiga de un largo día de trabajo, pero ella sintió que había algo más detrás de su gesto.

En otra ocasión, ella sugirió no darse regalos de Navidad ese año para ahorrar dinero. Él estuvo de acuerdo al principio e incluso parecía contento por la decisión, pero días después, se mostró tosco e introvertido: "¿Para qué nos molestamos en celebrar Navidad del todo?", murmuró con sarcasmo cuando el tema surgió de nuevo.

Esas señales mezcladas confundían y aislaban a Gina. Sentía que el deseo de Brett de complacerla era ambivalente. Ella también se alejó, y le costó trabajo confiar en los motivos de él en las cada vez más raras ocasiones que se esforzaba por complacerla como al principio.

Brett, efectivamente, titubeaba en sus intentos por complacer a Gina, pero no porque su amor disminuyera; más bien, en algún momento del camino, Gina dio por hecho que él tenía que hacer cosas por ella.

No estaba seguro de cómo o cuándo sucedió, pero advertía que su pareja se sentía con todo el derecho a tener su atención, y dejó de apreciarla.

Como suele suceder, es probable que las percepciones de Brett tuvieran más que ver con él que con Gina. Su urgencia de ser necesitado lo predisponía a infravalorarse. Gina, por su parte, se acostumbró a su adoración, pero cuando la fase de la luna de miel se acabó, no pudo mantener los antiguos niveles de efusividad. Brett se limitó los favores ante lo que parecía falta de aprecio, y cuando midió más su atención, Gina exigió más. Como te habrás dado cuenta, estos patrones pueden cobrar vida por sí mismos.

Más adelante, la pareja cayó en una especie de lucha de poder en la que Gina presionaba a Brett para que fuera el complaciente hombre del pasado, y él soslayaba sus peticiones. Ambos querían ser amados y apreciados como antes, pero las respuestas de Brett confundían cada vez más a Gina. Cuando ella le pedía algún favor o le ayudara con cierta tarea, él respondía de diversas maneras. Podía cumplir de buena gana, se mostraba visiblemente frustrado o, sencillamente, ignoraba de manera pasiva la solicitud de su esposa, como cuando Gina le pidió que asistiera a una reunión del trabajo con ella, y él programó un juego de póquer con sus amigos.

De la misma manera que las inseguridades de Brett lo predisponían a sentirse infravalorado, las de Gina apuntaban a sentirse despreciada. Cuando la frustración la embargaba, actuaba —en palabras de Brett—, como una mujer "exigente e imposible de complacer"; ella, en realidad, sólo escudriñaba las reacciones de su pareja.

Esos momentos en que era "imposible complacerla", se presentaban más cuando la confusión de Gina crecía y la obligaba a acorralar a Brett en discusiones de pareja que, desde la perspectiva de él, eran interrogatorios agobiantes.

Gina quería saber por qué a él ya no le agradaba hacer cosas por ella, y por qué a veces era cálido, y luego frío. Con el fin de reconciliar las contradicciones, cuestionó minucias del comportamiento de él.

Las conversaciones terminaban cuando Brett se sentía derrotado, pero en el fondo estaba tan frustrado como Gina porque no podía explicar su comportamiento. Durante sus momentos más tiernos, insistía en que todavía la amaba, pero entre más se esforzaba ella por expresar sus necesidades, entenderlo y vincularse, el respondía de maneras todavía más ilógicas para ambos.

La metáfora del escenario

La mayoría de los hombres buenos llevan una especie de vida doble porque ocultar sus sentimientos les ayuda a triunfar en la vida. Quizá todo comienza en la infancia, cuando aprendemos a no llorar frente a otros. Tal vez la predisposición que tenemos a enfocarnos en el grupo, nos enseña a proteger nuestra reputación y, para eso, evitamos molestar a otros con nuestras emociones. Tal vez sólo nos gusta parecer rudos porque así también nos protegemos. O, quizá, son todos los factores anteriores combinados con la historia particular de cada hombre.

Independientemente de la forma en que se manifieste, casi todos aprendemos a muy temprana edad a tener varios "yo" en compartimentos separados. Somos como actores en un escenario, y al mundo —el público que nos escudriña–, le mostramos una versión bien ensayada de nosotros mismos. Nuestro propósito es ser lo más eficaces y exitosos posible, incluso si a veces se trata de una actuación.

Pero todo es distinto tras bambalinas. Luego de la presentación controlada, nuestras mentes estan a punto de estallar debido a la actividad. Nuestras maquinaciones emocionales verdaderas —tristeza, desilusión, vulnerabilidad–, las ocultamos. En el escenario sólo presentamos nuestras reacciones secundarias: ira, alejamiento, estoicismo, que presentamos tranquilos. Y al igual que en una obra cuidadosamente montada, el objetivo es asegurarnos de que el público nunca vea los movimientos reales detrás de la producción.

A veces nos hacemos tan buenos en ocultar lo que sucede tras bambalinas, que perdemos noción de nosotros mismos. Esto le sucedió a Gina y Brett, porque él sólo estaba consciente hasta cierto punto de su urgencia de sentirse necesitado, y no entendía a fondo la naturaleza de sus reacciones secundarias. Ni él ni Gina reconocieron que, a pesar de sus distintas apariencias, todas estas reacciones —ya fueran gruñidos, retiradas, alegre deferencia o enojo—, tenían el mismo propósito.

Tras bambalinas, Brett luchaba con su noción de lo que valía. Llegó a depender de Gina para satisfacer esa necesidad de evaluarse, y cuando se produjeron cambios sutiles en la relación, afectaron su confianza y su desempeño en el escenario se volvió errático.

La pérdida del enfoque

La relación de Brett y Gina empeoró cuando ambos analizaron su errática actuación en el escenario. En vez de atender lo que en realidad pasaba, se enfocaron en las reacciones emocionales secundarias, es decir, en lo que sucedía en el escenario. Y como Brett tenía problemas para entender sus impredecibles respuestas emocionales secundarias, cada vez que se enfocaba en ellas, se sentía más incompetente.

Por desgracia, los hombres estamos tan decididos a ofrecer una buena actuación, que dificultamos a las mujeres (e incluso a nosotros mismos), enfocarse en cualquier otra cosa que no sean las reacciones secundarias. Y, por supuesto, ésta es la receta perfecta para malentendidos muy serios.

En el capítulo 7 hablé de una de las nociones más comunes en las mujeres respecto a las relaciones, una de las más contraproducentes: *Si él me amara, no actuaría de esa manera*. En el caso de Brett, su errático comportamiento daba la impresión de ser producto de un cariño menguante, pero el amor no era el problema. Aunque todavía amaba a Gina y deseaba que las cosas fueran como antes, sus reacciones emocionales secundarias eran tan perturbadoras, que ella no veía más allá. A pesar de sus buenas intenciones, el comportamiento de Brett desencadenaba la inseguridad de su esposa y su miedo a ser abandonada.

Cómo ayudar

Nadie puede forzar a otra persona a desarrollar la perspicacia. Como el conflicto de Gina y Brett empeoraba de manera natural, ella no estaba en posición de forzarlo a él a ser más perspicaz y, además, tampoco era su responsabilidad. Pero como era su compañero y lo amaba, sí podía negarse a participar en el drama que se llevaba a cabo en el escenario. Como parte de la pareja que eran, Gina podía fomentar una atmósfera propicia para que Brett abandonara su acto coreografiado y mostrara lo que sucedía tras bambalinas.

Un poco más adelante te daré ocho consejos para hacer precisamente esto; trata de imaginar que son tus pases tras bambalinas. No hay garantía de que tu pareja te dejará ver lo que sucede ahí pero, si tú se lo permites, cualquier hombre bueno se comportará a la altura. Antes de darte estos consejos, me gustaría hablar de algunas cosas que las mujeres hacen de forma involuntaria, y llevan a su pareja a ocultar sus verdaderos sentimientos, con lo que las reacciones secundarias erosionan la relación.

Cinco maneras de mantener sus sentimientos ocultos

Gina no deseaba castigar a Brett ni empeorar la situación cada vez que lo presionaba para que explicara sus acciones. Al contrario, intentaba volver a encender el amor que alguna vez sintieron. Pero como seguramente ya descubriste, la ley de esforzarse más no aplica para los hombres de manera exclusiva. Las mujeres también se enfrascan en estrategias que recrudecen cualquier problema.

Éstas son algunas estrategias ineficaces que aprisionan a los hombres en patrones improductivos:

- Viajes en el tiempo
- No perdonarlo
- Castigarlo por hablar
- Esperar que lea tu mente
- Evitar soluciones

Esta lista parece una serie de errores, sin embargo, podrías pensar en ella como estrategias para resolver problemas. En lo personal, me parece que la segunda opción es más precisa y útil.

Viajes en el tiempo

Ya mencioné que los hombres tienden a enfocarse más en los problemas inmediatos, no tanto en los conflictos del pasado o el futuro. Una de las frustraciones más comunes entre ellos, es que las mujeres viajan en el tiempo cuando riñen, y utilizan la conversación del presente como trampolín para retomar errores del pasado o preocupaciones del futuro.

Me parece que hay una manera más equilibrada de ver esto. En general, las mujeres (o los hombres, cualquiera que sea el caso), atraídas por el pasado durante una discusión, buscan identificar y eliminar patrones problemáticos. De la misma manera, los viajes al futuro (por ejemplo, decir: "¿Cómo evitarás pasar tanto tiempo con tus amigos cuando tengamos hijos?"), quizá previenen que los problemas actuales se repitan. Pero los hombres no lo vemos de esta manera. En nuestra mente, si resucitas los errores del pasado, nos dices que no nos has perdonado y tal vez nunca lo hagas; y discutir sobre el futuro nos dice que no confías en resolver los problemas o mejorar.

Cómo piensan los hombres

Estos dos mensajes son una manera infalible de cerrar la comunicación. Un hombre lo explicó así: "Cuando nuestras novias o esposas desean una conversación seria, nosotros nos cerramos porque la experiencia enseña que cualquier plática puede crecer rápidamente hasta salirse de control, y siempre terminaremos siendo castigados por todo lo hecho en la vida."

A veces es útil mencionar sucesos del pasado o preocupaciones futuras porque son relevantes para la discusión en curso, pero antes de hacerlo mientras conversas con tu pareja, pregúntate si en ese momento es necesario o provechoso. Luego, si eliges mencionar el suceso, dedica tiempo a explicarle a tu pareja por qué el pasado o el futuro son importantes para ti. Si él comprende por qué la información es relevante, será menos probable que se sienta acorralado.

No perdonarlo

Los viajes en el tiempo pueden dar a tu pareja la impresión de que no lo has perdonado; sin embargo, a veces la falta de perdón es algo más que una impresión. En mi trabajo como terapeuta de parejas he visto que las mujeres son más dadas a resucitar fallas del pasado cuando surgen sentimientos de daño o vulnerabilidad. A veces a los hombres también se les dificulta no aferrarse al pasado, pero por su propia naturaleza, normalmente están más dispuestos a perdonar y olvidar. Como lo explicaré en el capítulo 10, el cableado social masculino nos da una noción distinta del perdón.

Entre las mujeres que conozco, a la mayoría de quienes tienen problemas para perdonar, en realidad se preocupan por su seguridad emocional. Este tipo de mujer cree que si baja la guardia o no recuerda a su pareja el daño que le causó, él repetirá sus hirientes errores. Y a veces, sus preocupaciones tienen una base firme.

Si las fallas o el carácter de tu pareja son tan dañinos que no merece ser perdonado —es decir, si sería peligroso perdonarlo, abrirte de nuevo y correr el riesgo de que aún te lastime—, entonces la relación necesita reparaciones mayores o terminarla. Pero si las fallas son menores, entonces conviene más dejarlas en el pasado en cuanto el asunto se arregle.

Como ya lo discutimos anteriormente —en el capítulo 9 ahondaré más en el tema—, una de las cosas más destructivas para una relación es que el hombre llegue a la conclusión de que no saldrá victorioso. Pocas cosas nos desalientan más que la falta de perdón. Analiza los sentimientos de estos dos individuos:

- "¿Qué me haría perderle el respeto a una mujer? Que se vengue por mis errores del pasado."
- A las mujeres que no me perdonan nimiedades, las tacho de inmediato de mi lista. Ya he visto a demasiados amigos arrastrados por ese camino a una larga vida de infelicidad."

Estas terribles afirmaciones en realidad no captan del todo el dolor de los hombres cuando les hacen creer que son incapaces de hacer feliz a la mujer de su vida. De hecho, ambas citas resultan extraordinarios ejemplos de lo que son las reacciones emocionales secundarias: una retirada orgullosa que sólo sirve para enmascarar el dolor y la vulnerabilidad.

Otro de los posibles resultados negativos —quizá más terrible que un individuo que abandona una relación totalmente desesperanzada—, es que el hombre permanezca cerca pero desarrolle resentimientos contra su pareja porque no lo perdona. Este tipo de hombre es capaz de llegar a los extremos —desde un silencio impenetrable hasta el abuso de sustancias—, con tal de proteger y mantener ocultas sus emociones.

Castigarlo por hablar

Sin duda, de las cosas que más se quejan las mujeres, es la falta de comunicación de los hombres. Mi encuesta se llenó de comentarios como éste: "Desearía entender por qué él se aleja y se cierra como ostra cuando yo estoy molesta. Es cuando más lo necesito, pero él se esconde como para esquivar un huracán. Me hace sentir demasiado sola y despreciada."

Muchas mujeres expresaron desesperación al tratar de conectarse con sus hombres. Así lo revela esta declaración: "No hay nada más frustrante y doloroso que ante mi necesidad de comunicarme para abordar un conflicto —de cualquier tipo, no sólo de la relación—, él me rechace."

Esta frustración lleva a muchas mujeres a cometer el típico error de castigar a su hombre cuando se abre al diálogo. A mí me parece que en realidad no quieren castigarlo, pero algunas respuestas hacen que un hombre se arrepienta de compartir sus sentimientos:

- "¿Por qué no me lo dijiste antes?"
- "No deberías sentirte de esta manera."
- "¿Cómo se te ocurre pensar eso?"
- "Me duele que no me dijeras esto antes."
- "¿Qué pensaste? No seas tonto."

Este tipo de frases se dicen con frecuencia para tranquilizar a la pareja o fomentar la comunicación, pero provocan que el hombre sienta que cometió un error al abrirse. Si de por sí ya cree que la comunicación es peligrosa, cualquier comentario lo hará sentirse criticado. Por esto, incluso si no te gusta lo que dice tu pareja, piensa que una respuesta sabia reconocerá sus sentimientos e ideas sin criticarlo por la forma en que se expresa, ni el momento en que lo hace. A veces, contestar, "Gracias por decírmelo" o abrazarlo, basta para que sienta que no corre ningún riesgo al abrirse contigo.

Esperar que lea tu mente

Al principio del libro hablé de los estilos de convivencia social de hombres y mujeres. Ellas prefieren conexiones íntimas y máximo de dos personas; nosotros nos sentimos cómodos en grupos más numerosos y con vínculos relajados. A esta diferencia la podemos culpar, aunque sea en parte, de una de las mayores quejas de los hombres. Uno de ellos lo explicó así: "Es muy frustrante la obligación de saber con exactitud lo que las mujeres piensan y sienten; que asuman que les leemos la mente."

Sin duda, este hombre habla de nociones como: *Si te importara, sabrías cómo me siento* o *Deberías saber por qué estoy enojada*.

En general, las mujeres se desenvuelven con más confianza en las relaciones de conexión íntima. Esto forzosamente prepara mejor a la gente para anticipar estados emocionales y necesidades de amigos y seres queridos.

Resulta lógico asumir que las otras personas funcionan igual que tú; entonces, si tu forma de operar anticipa las necesidades de otros, es razonable suponer que los demás harán lo mismo y, si no lo hacen, hay algún problema. Sin embargo, los hombres que se desenvuelven mejor en las relaciones numerosas y con menos ataduras, quizá hablen un idioma muy distinto al de sus parejas y, por lo tanto, su imposibilidad de anticipar necesidades y estados emocionales, quizá sólo sea producto de aptitudes sociales distintas.

Una amiga me dio este ejemplo: "Tenía una carga completa de ropa en la secadora y, cuando mi esposo metió la suya, tiró la mía al suelo. Eso yo sólo lo haría a quien detestara. Según él, pensó que mi carga era nada más de las cobijas del perro (¡pero no era así!), y que no importaría si la tiraba al suelo." Mi amiga se enojó ante esa falta de consideración, pero cuando lo discutió con su pareja, se dieron cuenta de que, sencillamente, tenían ideas diversas, y distintos niveles de sutileza en la comunicación. Para ella, tirar la ropa al suelo era lo más parecido a un insulto; para él, sólo se trataba de poner las cobijas del perro donde debían estar y nada más.

¿En resumen? Expresar desilusión ante el esfuerzo de un hombre —incluso si está un poco confundido—, lo hará sentir incompetente, a menos de que, como mi amiga, llegues al fondo del problema. En general es mejor ofrecerle aliento y ayuda a tu pareja para que entienda qué preferirías la próxima vez.

Evitar soluciones

Aquí tenemos otra generalización útil: las mujeres se comunican para establecer vínculos y los hombres para resolver problemas. Ésta es una fuente común de fricción entre los sexos. Las mujeres se sienten invalidadas si su pareja no escucha sus problemas, y los hombres frustrados si no se resuelven.

Dos mujeres dijeron lo siguiente respecto a la comunicación y la resolución de problemas:

- "Nosotras no queremos que los hombres nos solucionen todo. A veces sólo queremos una respuesta cálida de apoyo porque, cuando sabemos que hay alguien en nuestra esquina para respaldar y vitorearnos, nuestros problemas son más manejables."

- "Es común que las mujeres sólo nos quejemos, y por eso nos sentimos más cerca de quien nos escucha sin juzgar. Un hombre así, establece vínculo con nosotras."

Y esto lo dijeron dos hombres respecto al mismo tema:

- "A algunas mujeres no les gusta arreglar los problemas. A veces les basta con quejarse pero, claro, eso significa que el conflicto regresará y entonces pasaremos por el mismo ciclo de nuevo."
- "¿Por qué a las mujeres les basta quejarse? Para mí es frustrante quejarme y luego ver que eso no me sirve en absoluto para arreglar el conflicto."

Todo parece indicar que hay una diferencia irreconciliable entre los dos géneros, pero no necesariamente ya que todo es negociable. Así como una mujer debería decirle a un hombre que, más que sus soluciones, lo que necesita es que la escuche, el hombre debería expresarse cuando la raíz de su ansiedad o frustración es la falta de soluciones.

Muchos hombres no se dan cuenta de que está bien hablar sobre cómo nos comunicamos. Incluso hay una palabra para definir la situación: metacomunicación. La buena metacomunicación permite a las parejas explorar distintos estilos.

Si quejarte de los problemas es suficiente para ti, y basas tu relación en esta dinámica, quizás defraudas a tu pareja porque lo que él quiere es arreglar los conflictos. De hecho, una de las razones de que los hombres duden en escuchar las quejas femeninas, es su temor a una discusión continua, que los problemas jamás se resuelvan, y ellos escuchen toda su vida sin poder actuar. Lo que todo hombre teme es no ayudar a la persona más importante de su vida.

Ocho pasos para conseguir tu pase tras bambalinas

Ahora que ya analizamos las tácticas que provocan que un hombre oculte sus emociones tras bambalinas, hablemos de estrategias más productivas. Quizá no logres que se exprese, pero sí crear una atmósfera propicia que lo aliente en ese sentido.

Para que un buen hombre te muestre lo que pasa detrás del escenario, primero debe confiar en ti. A la mayoría de los hombres les inquieta mostrar su modo de funcionar y, además, la confianza no se solicita ni exige. Igual que sucede con las cuentas de ahorros, acrecentar la confianza requiere tiempo. Las siguientes sugerencias fomentarán un ambiente en el que tu pareja se sienta suficientemente segura para exponer sus sentimientos y confiar en ti:

- Permítele complacerte.
- Hazle pequeños favores.
- Acepta la sencillez.
- Sé específica al expresar tus necesidades.
- Toma en cuenta sus acciones tanto como sus palabras.
- Diviértete.
- Comprende su silencio.
- Participa en la intimidad.

Permítele complacerte

Si tu pareja quiere hacerte feliz, evita discutir sus piropos o rechazar sus obsequios. No importa si apenas salen o si llevan casados veinticinco años. Sé amable cuando él repare algo, reconoce cada vez que trate de complacerte y, de vez en cuando, lánzale un huesito y sigue sus consejos si son efectivos. Un buen hombre quiere ser lo más importante en la vida de su mujer, y está en tus tus manos darle este regalo. O al menos, en algunas ocasiones.

Hazle pequeños favores

Como los hombres nos inclinamos más hacia los grupos sociales numerosos, acostumbramos usar esta divisa: el favor. Nos fijamos mucho en intercambios de favores, actos de amabilidad, desaires personales y deudas.

Piensa en la última vez que escuchaste a alguien decir: "Llamaré para cobrar algunos favores que me deben". Te puedo asegurar que fue un hombre quien lo dijo. La divisa social es un reflejo del estilo de vida del hombre. Como a nosotros siempre nos inquieta el lugar que ocupamos en el grupo, en la mente llevamos una especie de libro contable.

Incluso en las relaciones íntimas estamos al tanto de los favores que hacemos; y si creemos que nuestra pareja no los nota, es como si descubriéramos que algunos depósitos nunca llegaron a nuestra cuenta bancaria, y nuestro saldo es cero.

Tú, como mujer, aprovecha nuestra manera social de operar y úsala ventajosamente. Hazle pequeños favores a tu pareja, cualquier cosa que aprecie. Para muchos individuos basta con un reconocimiento, pero si eliges devolverle sus atenciones de manera más sustanciosa, te aseguro que no se quejará.

No te preocupes por llevar el mismo libro contable que tu pareja. En general, un buen hombre no le "cobra favores" a la mujer que ama, y no aplica con su pareja la misma filosofía de "toma y daca", como con otros hombres. Él sólo quiere estar seguro de que estás al tanto de todo lo que hace por ti.

Acepta la sencillez

La complejidad y la apertura de las emociones en mujeres es una de las cosas que más nos atraen a los hombres —de hecho, esta admiración fue uno de los temas más aludidos en mi encuesta—; expresar nuestros sentimientos, sin embargo, nos resulta agotador. A pesar de que nuestras emociones son tan profundas como las tuyas, acostumbramos hacerlas parecer burdas y mantenerlas envueltas; y con frecuencia preferimos enfocarnos en lo exterior que en lo interior. El problema es que, cuando por fin expresamos una idea o sentimiento, éste queda reducido a su expresión mínima. A veces esto obliga a las mujeres a averiguar si hay más detalles o un significado más profundo, lo cual resulta frustrante. Esto fue lo que dijeron algunos hombres al respecto en la encuesta:

- "Desearía que las mujeres entendieran que los hombres somos criaturas sencillas por naturaleza. Decimos lo que pensamos. No hay razón para complicar las cosas más de lo necesario."

- "Cuando me preguntas en qué pienso y te contesto 'En nada', de verdad no pensaba en nada. No pienso en ti cuando estoy en el trabajo o fuera de casa, pero eso no significa que no te ame. Mi cerebro sólo puede hacer una cosa a la vez. (Me encantaría ver la transcripción de los pensamientos de una mujer en una hora. Apuesto que sería como presenciar un huracán.)"

- "Te costaría mucho trabajo encontrar un hombre al que no le satisfaga lo más básico como a los perritos. Lo único que queremos es algo de comer, un lugar donde descansar, alguien que nos ame y acaricie por la tarde y nos diga que el día que pasó fue bueno, que nos quiere cerca para vivir el siguiente."

• Aunque resulta tentador buscar el significado detrás de las palabras de un hombre, a veces no hay mucho qué revelar. Si cuando te decimos lo que sentimos nos crees por completo, nos inclinaremos a confiar más en ti cuando discutamos algún asunto más complejo tras bambalinas.

Sé específica al expresar tus necesidades

Los hombres funcionamos mejor cuando sabemos con precisión lo que deseas de nosotros. Si no anticipamos tus necesidades con exactitud, por favor no lo tomes como algo personal. Esto fue lo que dijo un encuestado al respecto: "Lo que más me frustra es que las mujeres no comunican de manera específica lo que quieren o necesitan. Sin querer, nos obligan a adivinar lo que desean y, por supuesto, si no acertamos, nos metemos en aprietos. ¡Para colmo, nos acusan de no prestarles atención cuando lo cierto es que tratamos de dar en el clavo!"

Si no acertamos, por favor, danos puntos adicionales por esforzarnos, y ofrécenos pistas para retomar el camino. Esto nos ayudará a ser más eficientes la próxima vez e impedirá que caigamos en la desesperanza.

Toma en cuenta sus acciones tanto como sus palabras

Cuando nos comunicamos, confiamos más en acciones que en palabras. Un hombre lo explicó así: "Como los hombres nos relacionamos haciendo cosas en conjunto, confiamos más en la comunicación no oral."

Cuando hablamos con ustedes, posiblemente también confiamos más en acciones que en palabras, pero claro, eso las obliga a esforzarse más. Una mujer me explicó cómo empezó a traducir las acciones de su pareja: "Creo que finalmente aprendí a observar los actos de un hombre para averiguar cómo se siente en realidad. A veces incluso me repito lo que significa su comportamiento: Hizo X cosa, con la que, según yo, dice que se siente de X manera."

Para escuchar las acciones de un hombre no se requiere un anillo decodificador; sólo disposición para notar los significados detrás de cada acto. Queremos ser escuchados tanto como las mujeres a pesar de comunicarnos de manera distinta.

Debo admitir que esta práctica es irónica hasta cierto punto porque, por un lado te pedimos no darle demasiado significado a nuestras palabras (o a la falta de ellas) y, por el otro, esperamos entiendas lo que dicen nuestras acciones. Dentro de este doble estándar, sin embargo, hay consistencia, así que, si las palabras nos fallan, observa nuestro comportamiento.

Diviértete

Cada vez que evaluamos nuestra capacidad en una relación, lo primero que observamos es si eres feliz. De ser así, entonces suponemos que nuestro desempeño es adecuado. Esto dijeron tres encuestados al respecto:

- "Una mujer que se ríe de mis chistes, me hace sentir bien."
- "Nuestros mejores momentos son cuando jugamos, bromeamos y sólo hablamos y convivimos al final de un día difícil."
- "Conozco a una mujer que en verdad lo entiende. Me dijo que después de treinta años de matrimonio, por fin sabe lo que hace feliz a su esposo: 'Cada vez que puedo, le cocino un filete y lo llevo a la cama', me dijo. Sí, así de simples somos."

A menos de hacernos ver que nuestro desempeño es deficiente, diviértete cuando estés con nosotros. A pesar de que conforme la relación madura pensamos con mayor seriedad, aún disfrutamos del tiempo que pasamos contigo.

Comprende su silencio

Resulta muy sencillo interpretar el silencio como castigo o crueldad, y en realidad, a veces lo es. Sin embargo, puede tener otros significados. Esto es lo que dicen algunos hombres al respecto:

- "Quedarnos en silencio nos sirve para procesar lo que sucede, más o menos como hacen las mujeres al hablar."
- "Cuando me quedo callado es porque ya no quiero que me lastimen. Deseo terminar la discusión y necesito protegerme."
- "Que estemos callados no significa infelicidad. A veces sólo nos recuperamos para recobrar el paso a nuestra manera. Digamos que, a nosotros, compartir no siempre nos ayuda a sanar."

La pregunta es, ¿qué significa el silencio para el hombre de tu vida? Si lo usa para resolver problemas como muchos hacen, entonces quizá sea bueno seguir este consejo masculino: "Dame espacio cuando me retiro. Prefiero procesar lo que molesta, que ser impulsivo y arrepentirme de no pensar las cosas con cuidado."

Participa en la intimidad

Yo sé cómo es. A veces estás cansada y no te sientes atractiva. Quizá no tienes ganas de intimar con tu pareja porque últimamente no se ha comportado como te gustaría. Pero te diré algo acerca de la intimidad —o de prácticamente cualquier otra actividad—: cuando permites que tu cuerpo participe, por lo general tu corazón y tu mente se incorporan con rapidez. Esto le sucede a hombres y a mujeres.

Aquí resultaría muy tentador hablar de todas las restricciones para tener intimidad, pero aclaro que no sugiero que una mujer deba tener relaciones sexuales con un hombre si no lo desea, ni intimar con él a pesar de los problemas emocionales o físicos del momento, o si él no está comprometido (de hecho, si su comportamiento es ambiguo, significa que aún no se compromete). Sólo tú sabes si lo amas o no, y por eso, mejor dejemos las cosas así.

Ayúdale a tu pareja a comunicarse

Tal vez esta conversación sobre qué hacer por tu pareja te deje con la impresión de que, desde mi perspectiva, la comunicación es responsabilidad tuya. Pero no es así. Él decide si te dejará o no ver lo que sucede tras bambalinas.

Abrirse es una tarea verdaderamente abrumadora para muchos hombres porque desde niños nos enseñaron a esconder nuestros pensamientos y sentimientos, incluso de nosotros mismos. Por eso expresar nuestras emociones nos hace sentir que rompemos las reglas que nos mantienen a salvo. De cualquier manera, aunque se nos dificulte abrirnos, recuerda que es nuestra responsabilidad hacerlo, no tuya. Lo único que sugiero es que facilites las cosas a tu pareja y de paso te diviertas un poco en el proceso. Si él elige ser intocable, al menos sabrás que hiciste todo lo posible por generar un ambiente propicio para la comunicación.

Para el hombre de tu vida:
Cómo evitar que las discusiones se salgan de control
Muchachos, ¿conocen esa sensación que se produce cuando la mujer de tu vida se molesta contigo? ¿Esa ansiedad que nos

retuerce las tripas? ¿La tensión que carcome? Lo único que deseamos es que desaparezca ese sentimiento, ¿verdad? Bien, pues la buena noticia es que ella desea lo mismo.

Por desgracia muchas parejas se aferran a esos sentimientos porque, aunque ambos quieren paz, sus modos de abordar los problemas son distintas. Los hombres, por ejemplo, nos alejamos de la discusión y nos quedamos callados. ¿Por qué? Deseamos que la sensación desaparezca. Muchas mujeres, por el contrario, intentan hablar con su pareja y hacerlo participar en la plática. ¿Por qué? Por la misma razón, porque quieren anular esa sensación.

Aunque son incompatibles, ambas estrategias tienen el mismo objetivo: una relación pacífica. Pero, para que haya paz, se necesita hablar y comunicarse. El problema es que a la mayoría de los hombres nos enseñaron a ocultar nuestros sentimientos bajo innumerables capas; por eso nos toma más tiempo aclarar nuestras ideas, y eso frustra a las mujeres.

Si ése es tu caso, lo más útil es educar a tu pareja respecto a lo que significa tu silencio. Explícale por qué callas; déjale saber que no es algo personal, y que tomarte algún tiempo para reflexionar los problemas te ayudará a resolverlos. Si quieres que respete tu manera de enfrentar los conflictos, encuéntrate a medio camino con ella, explícale la situación y lleguen a acuerdos.

Lo único que queremos la mayoría de los hombres, es hacer feliz a nuestra compañera. Según una de las mujeres que compartió sus opiniones conmigo: "La reafirmación y algunas palabras, sirven mucho más que quedarse callado y creer que haces lo correcto".

9. Arena movediza en la relación

A los hombres nos enseñaron muy bien a separar los distintos aspectos de nuestra vida y a construir muros entre trabajo, matrimonio, actividades sociales y todo lo demás. Me parece que también tenemos una habilidad particular para acordonar la depresión, principalmente en las relaciones. Los hombres funcionmos bien en nuestra vida profesional y social y, al mismo tiempo, estar profundamente deprimidos en casa.

Uno de sus síntomas más comunes es la disminución de la actividad. Las personas que lidian con la depresión a veces permanecen en lugares que les parecen seguros, y ya no disfrutan de participar en actividades que las hacían felices.

He conocido a muchos hombres cuyas vidas se limitaron de sobremanera en algún momento. En el trabajo y con sus amigos, eran los de siempre, pero con su novia o esposa se ven retraídos y aletargados, con el aspecto de un perro golpeado que evita el siguiente ataque. Estos hombres ya renunciaron a cualquier esperanza de disfrutar de su relación o de brindarle alegría a su pareja. Dejaron de esforzarse. Se deslindaron por completo del conflicto con su pareja porque la experiencia les enseña que no hay manera de ganar. Ya no complacen a su mujer porque creen que nunca tendrán éxito y ya no son cariñosos porque perdieron su noción de la eficacia. Digamos que su espíritu ya abandonó la relación, y a veces, también su cuerpo.

Estoy hablando de lo que llamo "la arena movediza de una relación" porque, entre más se esfuerza la mujer por rescatar el vínculo con sus bien intencionadas técnicas —que, por cierto, ya se volvieron parte de un patrón destructivo–, más se hunde la relación. Como veremos en el siguiente caso, la lucha por arreglar la situación se convierte en parte del conflicto.

Pero antes, atiende lo siguiente: Incluso si tu relación es saludable, las recomendaciones de este capítulo –con base en las del capítulo 8–, te ayudarán a fomentar un ambiente en el que tu pareja se sienta más dispuesta a comunicarse. Te reitero que no puedes obligarlo a hablar, pero sí facilitarle la situación, y no tienes que sacrificar nada.

Nancy y Eric

Nancy y Eric tuvieron una boda modesta porque era la segunda vez que ambos se casaban. El primer esposo de ella fue un contador callado y pensativo. La pareja se distanció tras unos años de matrimonio; a Nancy le frustraba cada vez más que él pareciera incapaz de expresarse. Desde su perspectiva, su ex esposo tenía la costumbre de limitar sus propios deseos para luego representar el papel del mártir.

La primera esposa de Eric fue una mujer igual de pasiva que el contador. A él lo molestaba su poca disposición o capacidad para expresar sus deseos, pero eventualmente la mujer pudo externar algo: una insatisfacción irreparable acompañada de una solicitud de divorcio.

Cuando Eric conoció a Nancy, le pareció una bocanada de aire fresco. Era una mujer extrovertida, efusiva y obstinada, y eso le resultó increíblemente novedoso. Jamás tendría que adivinar los deseos de su pareja; sintió que esta vez, la relación no terminaría porque su mujer se negaba a expresarse.

A Eric lo criaron para ser pacífico y cuidar de los demás. Sus padres le enseñaron a ser atento con quienes lo rodeaban, y a él le agradaba su papel. Cada vez que Nancy expresaba un deseo, a él le encantaba complacerla.

El tiempo pasó y la pareja evolucionó hasta adoptar papeles cada vez más polarizados en la relación, lo cual no es nada raro. Conforme las relaciones maduran, muchas personas se transforman en versiones más exacerbadas de sí mismas.

La extroversión de Nancy se convirtió en exigencias. De pronto se encontró dándole instrucciones a Eric casi como si fuera supervisora, y controlándolo de modo excesivo. Si él no cumplía con la tarea a su entera satisfacción, Nancy lo criticaba abiertamente y, a veces, incluso con agresividad. A ella, sin embargo, no le agradaba ese papel; sólo llenaba el vacío que Eric producía al no expresar *sus* deseos. Nancy quería un esposo más activo y, de hecho, apreciaba las pocas veces que Eric se defendía.

Eric se mostraba cada vez más temeroso de que Nancy lo regañara, y ella sintió que era responsable de la relación. De pronto percibió en Eric la sombra de su primer marido, y deseó que su pareja asumiera su responsabilidad en la relación.

Mientras tanto, el resentimiento crecía en Eric. *Nunca está feliz*, pensaba. *¿Cómo me fui a embarcar con una arpía irritante?* El resentimiento se convirtió en resistencia, y de pronto Eric eludió a Nancy, ignorando sus exigencias y, raro en él, desempeñándose de modo ineficiente. Si Nancy le pedía lavar el automóvil, por ejemplo, él sólo le daba un trapazo en lugar de limpiarlo a profundidad. como antes, cuando le enorgullecía dejarlo reluciente.

Nancy sintió que Eric se alejaba y la relación fallaba. Recuerda que en los momentos de estrés, la gente recurre a estrategias que le funcionaron en el pasado, y en el caso de Nancy, eso significaba hacerse cargo de la situación. Se volvió todavía más mandona con Eric, y su incertidumbre respecto a lo que él sentía, le hizo notar todas las imperfecciones en su desempeño y su carácter. Por desgracia, esta práctica la volvió más exigente que nunca.

Por supuesto, su actitud sólo fortaleció el patrón destructivo, y la respuesta de Eric no fue de gran ayuda. El otro lado de su admirable naturaleza pacífica, consistía en una marcada dificultad para expresar sus necesidades. Evitó las críticas de Nancy, pero su típica pasividad ya no era suficiente para mantenerla a raya.

En un desesperado intento por huir de la ansiedad y el resentimiento que le provocaban las crecientes críticas de Nancy, se refugió en el alcohol; y como sabía que ella no aprobaría este hábito, mantuvo la bebida en secreto: ocultaba las botellas en su auto y en el garaje.

El alcohol también lo aislaba de la agobiante y deprimente idea de que, una vez más, se encontraba en medio de un matrimonio fracasado. No sabía cómo arreglar la relación, pero tampoco soportaba la idea de divorciarse por segunda ocasión; estaba atascado; y aunque en el trabajo y con sus amigos seguía siendo el mismo Eric sociable de siempre, en casa era como una ostra. Se dio por vencido.

Por la noche, Nancy casi siempre lo encontraba dormido y borracho frente a la televisión, y eso la aislaba también. Él ya ni siquiera discutía, y ella tenía la impresión de vivir con un fantasma.

Cómo evitar o escapar de la arena movediza en una relación

La relación de Nancy y Eric no es una imagen muy agradable. Ella se siente abandonada; se pregunta cómo el animado y complaciente hombre con el que se casó se transformó en un alcohólico deprimido. Aunque le cuesta trabajo expresarlo, le rompe el corazón que el hombre que ama, ahora sea una persona infeliz, abatida y aletargada. La pareja está atrapada en arena movediza, y él ya no responde a ningún intento de ella por solucionar el conflicto. Y es que incluso los hombres buenos llegan a darse por vencidos.

La arena movediza en las relaciones puede generarse a partir de varios problemas. Lo he visto en casos como el de Eric, en los que un desequilibrio de poder hace a un hombre impotente en medio de la lucha por alcanzar la felicidad o por ser eficiente en su relación. A veces, si una mujer tiene algún desorden en sus estados de ánimo y no lo atiende, o si abusa de sustancias o tiene otro tipo de problemas, a su pareja se le dificulta complacerla. El hombre también puede sentirse incompetente si su mujer se niega a tener relaciones íntimas, porque de pronto se imagina condenado a una vida sin sexo; y definitivamente, también puede suceder si el acoso y la falta de respeto de una mujer instan a su pareja a pensar: *No hay manera posible de complacerla, entonces, ¿para qué me esfuerzo?*

La arena movediza es fatal para la convivencia de la pareja porque los hombres estamos demasiado acostumbrados a separar todos los aspectos de nuestra vida. Un individuo como Eric será increíblemente infeliz en casa pero con buen desempeño en otros lugares, donde oculta el problema a sus amigos y su familia. Si se siente atrapado en la relación por razones financieras o emocionales, es posible que se quede pero no se involucra por años o, incluso, por el resto de su vida.

Cuando por alguna razón el hombre concluye que no vale la pena continuar esforzándose, la relación llega a un momento de gran peligro. Por suerte, si los dos integrantes de la pareja hacen un esfuerzo honesto para subsanar el distanciamiento, todavía hay esperanza. Podría decirse que muy pocas relaciones están más allá del punto en que todavía pueden salvarse. Es muy difícil, sin embargo, que las parejas en una situación tan erosionada como la de Nancy y Eric, enciendan de nuevo su amor sin ayuda externa. Hacia el final de este capítulo hablaré de lo que se busca en un terapeuta, pero antes me gustaría darte algunas estrategias para escapar o, mejor aún, evitar por completo la arena movediza en una relación:

- Si existe un problema, ponle nombre.
- Sé el tipo de persona con la que le gusta estar a tu pareja.
- Responde a las reacciones emocionales primarias.
- Diseña una salida de emergencia de los patrones.
- Acepta las ofrendas de paz.
- No asumas que él te entiende.
- Reconstruye la intimidad.
- Acude a terapia para parejas.

Si existe un problema, ponle nombre

La lucha entre Nancy y Eric se exacerbó por sus dificultades para hablar abiertamente de sus problemas. Ninguno recibió mucha preparación por parte de sus familias o relaciones anteriores y, además, ambos reaccionaban de manera impulsiva y sin hablar: Nancy sólo se hacía cargo, y Eric continuaba siendo el pacificador.

Como ya mencioné anteriormente, muchos hombres nos comunicamos más con nuestras acciones que con palabras; pero esto no significa que no le asignemos por lo menos algunas palabras al conflicto y le demos nombre. Quizá porque nuestra tendencia a buscar soluciones es muy marcada, funcionamos mejor cuando le otorgamos un nombre al problema, sin importar que sea una bujía que falla o un patrón en una relación que no funciona del todo. Los hombres queremos saber qué tratamos de arreglar.

En lo que se refiere a asignar etiquetas a los problemas, más vale ser específicos. Éstas son algunas maneras en que Nancy y Eric le pusieron nombre a su patrón, pero observa que ninguna de ellas implica crítica o asignación de culpa; son solamente descripciones de un patrón, no de la gente involucrada:

- He notado que ambos nos estamos esforzando mucho en obtener lo que queremos del otro.
- ¿Parece que dejamos de complacernos el uno al otro?
- ¿Te parece que últimamente he tomado casi todas las decisiones?

A los hombres les resulta útil, de muchas maneras, asignar etiquetas claras y específicas a patrones problemáticos, incluso si no son perfectas. En primer lugar, usar algunas palabras para describir un problema, crea cierta distancia. Cuando una persona es capaz de decir: "Oye, estamos cayendo en lo mismo", de pronto ambos notan el comportamiento y se apartan de él. Podría decirse que el patrón pierde fuerza sobre las personas. (Tal vez ya notaste que algunos ejemplos se articularon como preguntas. Las preguntas sin carga acusatoria son una manera adecuada para etiquetar y, al mismo tiempo, darle a tu pareja la oportunidad de estar de acuerdo o proponer otra cosa.)

En segundo lugar, ponerle nombre al problema nos da algo con qué trabajar, un punto de enfoque para ese estilo introspectivo y mecánico de resolución de problemas que mencioné anteriormente.

En tercer lugar, cuando una pareja llega a un acuerdo respecto al título y la naturaleza del conflicto que enfrenta, de pronto ambos tienen un objetivo común, aunque sea de manera muy sutil al principio. A los hombres nos gusta hacer equipo con otras personas para intentar cosas constructivas, así que si nuestra pareja está de nuestro lado y enfocada en la misma meta, nos es más fácil abrirnos y trabajar en pos de una solución.

Asignarle nombre a un patrón problemático parece un paso pequeño, pero es fundamental.

Sé el tipo de persona con la que le gusta estar a tu pareja

Las discusiones y los patrones destructivos en que caen las parejas, a veces implican pérdida del vínculo y la intimidad. Es natural que tanto hombres como mujeres nos sintamos ansiosos cuando la persona que amamos se aleja. En realidad, ambos sexos queremos el mismo amor y respeto que alguna vez recibimos.

También es normal sentirse herido cuando alguien a quien amamos marca su distancia, y por eso a veces recurrimos a estrategias cuyo propósito es restaurar la relación. Dichas estrategias, sin embargo, a veces alejan más al compañero o compañera. El hombre que se aparta como todos los demás, la mujer que acosa o se queja todo el tiempo, la persona que provoca celos, la que castiga a su pareja con la ley del hielo o comentarios desagradables... En el fondo, todos buscan la manera de recuperar la relación y sentirse a salvo.

No obstante, estas respuestas naturales nos transforman de manera irónica. En algún tiempo fuimos esa persona con la que nuestra pareja quería estar todo el tiempo. Pensaba en nosotros durante el trabajo, nos enviaba correos electrónicos para saber que nos tenía en mente y, si tenía problemas, también recurría a nosotros.

Los problemas maritales —o, para ser más precisos, la manera de responder a ellos—, nos convierten en la persona que nuestra pareja evita. Me parece asunto difícil, en especial para las mujeres, porque los hombres somos más propensos a alejarnos, y esto las coloca en una situación desventajosa.

Éste es un ejemplo del patrón de exigencia-retirada que analicé en el capítulo 7. Cuando una persona se aparta, coloca injustamente a la otra en el papel del perseguidor, y la obliga a quejas incesantes y acoso. Esta estrategia es peligrosa porque quien busca y persigue, se convierte poco a poco en el "alborotador", nunca satisfecho. Entre más se aleja una persona — usualmente el hombre—, la otra persigue y exige más, y es menos razonable.

Éste es el momento en que los buenos modales y la consideración se empiezan a desvanecer. En cuanto la amabilidad desaparece, la falta de respeto y el resentimiento ocupan su lugar, y esto, por supuesto, es fatal para las relaciones.

La importancia del respeto

Aunque sea todo un desafío, seamos la persona de la que se enamoró nuestra pareja, y justamente en tiempos difíciles. En especial cuando hablamos de temas escabrosos, demostremos que todavía consideramos que nuestra pareja es digna de respeto aunque, seamos honestos, a veces nos finjamos.

Sin duda es difícil ser amable con un hombre que se aleja de la relación, pero en lugar de te gane la frustración, toma la primera sugerencia de esta sección y ponle nombre al problema: "He notado que me siento obligada a acosarte y a forzarte a hablar conmigo."

También es fundamental que respetes lo suficiente a tu pareja —y a ti misma—, para lidiar con la parte del problema que le corresponde. Cuando una mujer hostiga a un hombre para que converse, en realidad lo está exonerando de su responsabilidad de lidiar con sus propias dificultades porque, si él se niega a hablar y decide enfrentarla por ello, se distrae de lo esencial: ¿por qué no quiere abrirse?

Te daré el ejemplo en que una mujer podría expresar porque respeta a su pareja lo suficiente para que enfrente sus propios problemas al mismo tiempo que establece sus propios límites: "Voy a resistir la tentación de acorralarte para que platiques conmigo. No me gusta cómo nos hace sentir esta situación. Sabes que me gustaría hablar, así que voy a confiar en que tú nos ayudarás a enfrentar esto."

En ese momento la perseguidora se libera de la tarea que le fue impuesta injustamente, y se convierte en la persona que desea ser, de la que se enamoró su pareja. Ahora el problema lo resolverá él, aunque es posible que no sepa por dónde empezar (ya hablaremos de eso un poco más adelante).

Los riesgos del respeto

Permitir a tu pareja atender su propio problema puede ser difícil y atemorizante. ¿Qué pasa si al llegar a este punto no habla? ¿Qué te diría eso de la relación? Sospecho que este tipo de miedo mantiene a muchas parejas atrapadas en un patrón de exigencia-retirada, y mientras se quedan ahí, anulan la posibilidad de revelar algo desagradable respecto a la relación, quizá que el hombre ya no tiene interés en continuarla.

Hay, sin embargo, otra posibilidad menos atemorizante. Muchos hombres, por distintas razones, honestamente no saben cómo hablar al nivel que a las mujeres les interesa. Tal vez jamás estuvieron expuestos a ese tipo de intercambio; quizá alguna vez lo intentaron pero los regañáron por ello; o tienen una dolorosa aversión a ser vulnerables en el aspecto emocional. Si ésta es la raíz del problema de tu pareja, tal vez sería útil recordarle sus opciones. En lugar de lanzarse sin preámbulos a una conversación difícil contigo, tal vez lo haga antes con un amigo, vea a un terapeuta solo o a terapia de parejas contigo, confíe en algún pariente o algo similar.

Te lo dice alguien que ya estuvo ahí: algunos hombres en verdad no saben cómo acercarse a estos procesos. Si es el caso de tu pareja, de nada servirá que le pierdas el respeto y, además, no ganarás nada. Aunque resulte difícil, ofrecerle una guía, respetarlo para que lidie con sus propias dificultades, y ser la persona de quien alguien se enamoró, será mucho más gratificante para todos a final de cuentas.

Responde a las reacciones emocionales básicas

Las reacciones emocionales secundarias de los hombres pueden estar tan bien practicadas, que a veces ni siquiera nosotros las reconocemos. Tal vez no te diga nada nuevo, pero te sorprendería saber que muchos hombres admiran la destreza emocional de las mujeres. Así fue como lo explicaron:

- "Me encanta que las mujeres no le teman a la emoción. Me fascina que vivan con el corazón al aire. Las hace más vulnerables a la tristeza, pero también las abre para sentir un nivel de alegría y gozo más allá de la experiencia tenemos los hombres."

- "Las mujeres pueden ser muy amables y estar conscientes de las necesidades de otros de una manera que jamás se me habría ocurrido."

Evidentemente, no es responsabilidad de las mujeres hacer que los hombres se entiendan a sí mismos, pero si lo deseas, ayuda respondiendo a las reacciones emocionales primarias en lugar de a las secundarias.

La reacción secundaria de Eric a las exigencias de Nancy, fue una forma extrema de alejamiento. Su reacción *primaria* era un sentimiento de frustración y desesperanza. Aunque Nancy no tenía práctica en la negociación de este tipo de dificultades, no necesitaba ser una experta para ayudarle a superar la situación. Si hubiera reconocido para sí misma que tras bambalinas sucedía algo, se habría podido acercar a Eric y mostrarle su curiosidad al respecto.

Pudo comenzar por nombrar al problema, y luego expresar su flexibilidad al respecto, incluso si no entendía bien lo que sucedía. Tal vez decir decir algo como: "Me parece que te cierras, pero estoy segura de que no es lo que quieres para nuestro matrimonio. Averiguemos qué sucede" Un hombre bueno como Eric sentiría alivio al recibir de su pareja un trato así de delicado.

Diseña una salida de emergencia para escapar del patrón

En el capítulo 7 hablé de los patrones destructivos y la importancia de sustituirlos. Diseñar una salida de emergencia interrumpe un patrón de este tipo. También le demuestra a tu pareja que, en lugar de culparlo, buscas una solución al problema.

En cuanto tú y tu pareja nombren al problema y caminen por el sendero que identifica las reacciones emocionales secundarias, utilizarán una palabra de emergencia para interrumpir el patrón en cuanto se repita, y antes de que el daño llegue.

Funciona de la siguiente manera: Ambos acuerdan tomar un descanso en cuanto aparezca *la primera señal* de que el patrón destructivo resurgirá y, ustedes, a punto de discutir otra vez. (Recuerda las luces de emergencia del tablero que mencioné en el capítulo 7.) Algunas parejas llegan coinciden en una palabra mágica de seguridad como "sasquatch" o "jambalaya". Otros optan por algo más directo como "Tomemos un descanso". Una vez interrumpido el patrón con eficacia, estarán en disposición de regresar a la discusión y remplazar el comportamiento problemático con el proceso que expliqué en la sección "Tan desafiante como el 1-2-3", del capítulo 7.

Para diseñar una salida de emergencia sigue dos pasos importantes. En primer lugar, negocia los términos; la pareja debe acordar la palabra o frase que usará, y el lapso que pasará antes de seguir la conversación.

En segundo lugar, permítanse cometer errores. Esta salida de emergencia es difícil y lleva tiempo. A uno de los integrantes de la pareja le será difícil desconectarse durante una discusión, o retomarla cuando termine el lapso acordado. De hecho, es muy común que la gente no regrese a la conversación porque el posible resultado le causa ansiedad. También es normal sentir que la otra persona use la salida de emergencia para evadir la discusión. Son normales tropiezos; de ser necesario, renegocia las reglas y aplica la estrategia la próxima vez que surja el patrón destructivo. Si se manejan de buena fe y con buenas intenciones, incluso los errores son experiencias de sanación.

He notado que, en general, la salida de emergencia agrada más a los hombres que a las mujeres; ellos están más dispuestos a interrumpir las conversaciones dañinas. Quizá sea porque los hombres que titubean y se acercan a la arena movediza, sienten que ya no hay manera de escapar del conflicto repetitivo. La salida de emergencia ofrece esperanza a tu pareja y, ya en conjunto, servirá a ambos para fortalecer la confianza.

Acepta las ofrendas de paz

Conocí a un hombre que, después de la primera sesión de terapia en pareja, le cambió el aceite al automóvil de su esposa. Ella acostumbraba llevar el coche al taller local un par de veces al año, pero en esta ocasión su esposo atendió el asunto personalmente. Creo ya adivinaste a dónde me dirijo con esta anécdota: claro, fue algo más que un cambio de aceite.

La primera sesión de terapia tuvo efecto en el hombre de la historia. Le hizo valorar que su esposa se responsabilizara abiertamente de la parte de la comunicación que le correspondía: le dio esperanza. El cambio de aceite fue una ofrenda de gratitud.

Su esposa, inteligente y perspicaz, reconoció la oferta como tal, y no se quejó ni dijo que preferiría una cena romántica. Supo que la cena vendría más adelante, en el momento adecuado, en cuanto su esposo bajara la guardia lo suficiente para una convivencia romántica.

Ella aceptó la ofrenda, la reconoció y expresó su gratitud. Ese pequeño acto de su parte motivó a su esposo a continuar con sus esfuerzos por reconstruir la relación. Una respuesta brusca, crítica o indiferente, lo habría desalentado.

La comunicación masculina puede ser sutil, pero te aseguro que los hombres no coincidimos con la forma en que nos retratan en las series televisivas: ineptas criaturas que no funcionan en sociedad. Los hombres hablamos con fluidez el idioma de los grupos grandes y conectados, en los que la divisa es el capital social, y los gestos sutiles suelen cargarse de un significado más profundo.

No asumas que él te entiende

De la misma manera que las mujeres pasan por alto el subtexto de la comunicación masculina, los hombres a veces soslayan la intención que se esconde detrás de las señales más sutiles de la mujer. Esto fue lo que le sucedió a una pareja que conocí. Él no podía entender que cuando su esposa le pedía sacar al perro con ella, en realidad lo que deseaba era algo de tiempo a solas con él. Había escuchado que los hombres se relacionan mejor con otras personas cuando realizan una actividad con ellas, y se esforzaba por hablar el mismo idioma que su marido.

Pero él no lo notaba. Daba por hecho que ella sólo quería que alguien más recogiera el excremento del perro, o se hiciera cargo cuando el animalito jalara demasiado la correa. El hombre caminaba junto a ella sin quejarse, pero estaba molesto con su mujer por ese nuevo hábito de interrumpir su apretada agenda para hacer algo tan trivial.

Por suerte, la pareja fue capaz de manejar la situación. Todo sucedió una tarde en que se quejó de las salidas. Confesó que le molestaba que ella le endilgara una nueva responsabilidad sin discutirlo previamente; entonces ella le aclaró que deseaba vincularse con él de una manera significativa. En cuanto él comprendió la intención de su mujer, valoró el esfuerzo, y entonces la pareja salió a pasear al perro sin problemas.

No asumas que entendemos lo que insinuas y tampoco que adivinemos. Queremos complacerte, pero nos equivocaremos por lo menos en varias ocasiones, y esto, naturalmente, las decepciona a ustedes y nos hace sentir derrotados a nosotros.

Reconstruye la intimidad

Aquí evitaré eufemismos y diré las cosas como son: a los hombres les gusta el sexo. La mayoría te dirá que, de hecho, *necesitan* el sexo. Quizá exagere un poco, pero en el fondo hay verdad en el asunto.

Una reseña de literatura científica sobre el tema, reveló que la intimidad frecuente mejora el estado de ánimo, el funcionamiento de los sistemas inmunológico y cardiovascular, y tiene otros beneficios directos para la salud (Brody, 2010) tanto en hombres como en mujeres. (También resulta interesante en este estudio que algunas formas de actividad sexual tienen efectos adversos como, por ejemplo, la mengua del estado de ánimo de un hombre que remplaza al sexo en pareja con masturbación frecuente.) El porcentaje de cáncer de próstata es más bajo entre hombres que tienen sexo con frecuencia; asimismo, las mujeres que tienen relaciones sexuales con regularidad, presentan cáncer de pecho en un menor porcentaje. Gracias al estudio se supo incluso que los hombres y mujeres que tienen más sexo, viven más tiempo.

Pero los beneficios no son solamente físicos. El sexo frecuente tiene un efecto tan profundo en la percepción de la intimidad de una pareja, que incluso calma la ansiedad de la gente con problemas de inseguridad (Litte, McNulty y Russel, 2010). Las personas que —tal vez por descuido de sus padres durante la infancia—, no se sienten seguras en sus relaciones adultas, manejan sus ansiedades con mayor eficacia si tienen relaciones íntimas frecuentes con una pareja amorosa.

Siempre que el sexo sea cariñoso y disfrutable, tendrá beneficios para hombres y mujeres. Por supuesto, tenemos la reputación de mayor apetito sexual, y entre ellos, los de mediana edad expresan más su deseo de sexo con frecuencia (Smith et al., 2011). Quizás las exigencias de su edad —la crianza de los hijos, el trabajo, etcétera—, interfieren más con la intimidad.

Mi punto es que, para nosotros, la intimidad sexual fomenta el bienestar y a sentirnos más cerca de nuestra pareja. Naturalmente, cuando una pareja está en la arena movediza de la relación, es muy probable que la intimidad sexual decaiga; sin embargo, siempre que haya un vestigio de esperanza de reavivar la relación, evitar las relaciones físicas es un error (a menos, claro, que haya problemas físicos, conflictos emocionales o preocupaciones de salud). Abstenerse de tener relaciones elimina una de las vías fundamentales para fomentar la relación con la pareja; he conocido a muchas mujeres que, a pesar de anhelar una cercanía emocional con su hombre, lo han distanciado por completo. Es muy difícil explicar con palabras lo desalentadora que resulta esta actitud para los hombres.

Evitar el sexo aleja a muchos individuos de sus relaciones porque, cuando sienten que se les niega la intimidad, se enfocan totalmente en ella; y entonces muchos empiezan a buscar la conexión física y emocional fuera de casa.

Reconozco que éste es un tema controvertido, y para muchas mujeres el sexo y la confianza se vinculan. Jamás sugeriría colocarse en una situación íntima y vulnerable con alguien en quien no puede confiar; y tampoco que las mujeres deban "ceder" para salvar una relación.

Al mismo tiempo, sin embargo, insisto en que las relaciones por las que se debe luchar, deben ser plenas y satisfactorias para ambas partes. Las investigaciones demuestran que la intimidad sexual —o falta de la misma—, tiene un efecto muy profundo en los hombres. Uno de ellos lo explicó así: "El sexo es una de las formas en que los hombres entendemos y expresamos nuestro amor. Por supuesto, hay quienes sólo quieren tener relaciones por placer, pero apuesto a que la mayoría busca sexo que conlleve un vínculo emocional más bien intenso. No hay muchas alegrías más grandes que la de la cariñosa aceptación que una mujer le puede brindar al hombre a través del sexo."

Reavivar la intimidad en medio de una relación en problemas puede ser difícil para los dos integrantes de la pareja, y por eso a veces se requiere un poco de ayuda, lo cual me lleva a mi última sugerencia para lidiar con la arena movediza en la relación.

Busca terapia de pareja

Una vez alguien me dijo que lo más valioso que puede comprar una persona, es buena asesoría. Cuando la terapia de pareja se lleva a cabo bien, resulta una modesta inversión que evita una vida de riñas e infelicidad.

Por desgracia, a muchos hombres les intimida asistir a terapia, pero, ¿quién los juzga? Mi profesión es más amable con las mujeres, incluso al punto de ser descortés con los hombres. Con esta idea como base, ahora te daré algunas recomendaciones para convencer a un hombre vacilante de que llegó la hora de buscar asesoría de un tercero.

En primer lugar, considera que la terapia puede ser muy amenazante para tu pareja. Podría ir en contra de todas las enseñanzas que recibió y mantienen sus sentimientos ocultos y a salvo tras bambalinas. Asegúrale que no permitirás que el terapeuta se alíe contigo para asignarle el papel de "el malo", porque muchos hombres temen esto. También que no apoyarás ningún prejuicio contra el sexo masculino por parte del, o la, terapeuta (y no des por hecho que uno varón no se pondrá en contra del hombre). Asimismo, garantízale a tu pareja que te responsabilizarás de la parte que te corresponde.

Asegúrate de que participe en la elección del terapeuta, y prométele no hacer una segunda cita sino hasta que ambos lo hablen en privado. Busca a un profesional preparado, con mucha experiencia y buen sentido del humor; la mayoría de los hombres se tranquilizan e involucran más en las sesiones si el terapeuta aborda la situación de manera relajada. No tengas miedo de probar antes de comprar; hoy en día muchos terapeutas ofrecen una consulta inicial gratuita.

Algunas de las sugerencias que hice en este capítulo —como ponerle nombre al problema y responder a las reacciones emocionales primarias—, parecen sencillas escritas, pero aplicarlas requiere un poco más de trabajo. Un buen terapeuta ayuda a la pareja a enfocarse y evitar los viejos patrones. Desde mi perspectiva masculina de resolver siempre los problemas, es mejor buscar ayuda que batallar indefinidamente.

¿Qué pasa con Nancy y Eric?

Asistir a terapia sería de gran ayuda para una pareja como la de Nancy y Eric, en especial porque ambos iniciaron el matrimonio con un déficit de comunicación, y relaciones tormentosas en el pasado. Un buen terapeuta los ayudaría a identificar y dar prioridad a los asuntos importantes, como el alejamiento de Eric, el abuso de sustancias, el desequilibrio extremo en la relación, y las improductivas maneras en que Nancy expresa sus necesidades. Hablamos de patrones destructivos difíciles de abordar de manera individual, y exigen asistencia profesional.

A pesar de los serios conflictos, parejas como Nancy y Eric pueden reconstruir su relación y hacerla más cercana y satisfactoria. En este caso en particular, tengo la esperanza de que el terapeuta ayude a Eric a aportar sus mayores fortalezas a la relación.

Para el hombre de tu vida:

La emasculación no beneficia a nadie

Muchachos, en este capítulo hablé de los hombres que se dan por vencidos en la relación; se sienten abatidos y no son quienes eran.

Estoy seguro de que todos lo han visto: un hombre se esconde en su garaje, la oficina o el bar, porque ya perdió toda esperanza de una buena relación con su esposa o novia. No soporta estar con ella pero sigue ahí para evitar repercusiones emocionales y financieras.

Para ir directo al grano, este hombre se emasculó. Está deprimido y ya no funciona bien en una relación con beneficios mutuos. Se dio por vencido y optó por el camino más fácil.

Si tú eres ese hombre —si te escondes de tu esposa o novia, y sólo dejas que la vida pase—: obtén ayuda. No batalles solo, busca un amigo, mentor o terapeuta que te ayude a ser el hombre que alguna vez fuiste, y del que tu pareja se enamoró.

No debes solucionar todo el conflicto en un día —de hecho, podría tomarte algún tiempo—, pero ponle nombre al problema. Habla del asunto con alguien porque, créeme, es lo mejor y lo más masculino que puedes hacer.

10. Aspectos positivos que los hombres aportan a la relación

Todos sabemos que los hombres adoramos la televisión (¡yo incluso tengo una foto de ella en mi cartera!); sin embargo, ella no siempre nos quiere a nosotros. Estoy seguro de que has visto series televisivas en que sólo las mujeres tienen sabiduría para manejar la relación, y son una especie de heroínas que no paran de sufrir; siempre rescatan a sus desventurados hombres de la patética ineptitud masculina. Estas situaciones son adecuadas para provocarnos risa y hacernos pasar un buen rato, pero las relaciones funcionan mejor cuando hay suficiente espacio para las habilidades de los dos integrantes de la pareja. De hecho, algunos antropólogos creen que una de las razones principales de la desaparición de los neandertales, fue que no lograron incorporar tanto los rasgos masculinos como los femeninos a su cultura (Kuhn y Stiner, 2006).

Nuestros ancestros distantes, en cambio, aprendieron a beneficiarse de las fortalezas masculinas y femeninas. Dividieron las responsabilidades de acuerdo con dichas fortalezas, y eso le dio a nuestra especie una notoria ventaja para la supervivencia (Kuhn y Stiner, 2006). Esto, por supuesto, ha cambiado muchísimo con el paso de los milenios —para empezar, ahora tenemos televisión—; pero lo que definitivamente no ha cambiado, es que en las relaciones más sanas hay espacio suficiente para las cualidades femeninas y masculinas.

Qué hace que los hombres buenos sean eficientes en las relaciones

¿Podrías creer que la disposición de un chiquillo a saltar con su bicicleta en una rampa improvisada, es lo mismo que en el futuro lo hará eficaz en sus relaciones? ¿Y qué tal la disposición a enfrentar a la línea ofensiva del rival invicto en futbol americano? ¿O la noción de que no llorará, incluso si lo lastiman durante el juego? ¿Alguna vez te imaginaste que si su entrenador le solicita estrechar manos con los jugadores del equipo contrario —sin importar el resultado del juego—, eso lo convertirá en un esposo o novio maravilloso?

Pero es verdad. Este tipo de experiencias contribuyen a la habilidad de un joven para ser una pareja buena y diestra en el futuro. ¿Por qué? Para saberlo, echemos un vistazo a la manera en que las y los adolescentes manejan la empatía.

Desde la niñez hasta la adolescencia, las niñas desarrollan mejor que ellos la empatía por la gente que sufre; y están más preparadas para entender las fuentes del dolor, ya sea del suyo o del de otros (Garaigordobil, 2009). Por ejemplo, una niña es más propensa a entender de manera intuitiva que una amiga está triste porque fue excluida del grupo.

Por supuesto, ellos también son capaces de entender las fuentes de dolor, pero se enfocan en otras cosas. Sin importar si esta diferencia es producto de la naturaleza o la crianza; o debida a la naturaleza amplificada por la crianza —razón más me sasisface—, en general ellos se enfocan más en ser rudos, pasar de largo sin voltear a ver lo que sucede, reducir la vulnerabilidad, y hacer lo necesario para regresar, solos o con sus compañeros de equipo, al juego literal o figurativo. Los niños no ahondan en las fuentes del dolor, no les interesa la emoción pero sí el resultado.

Esta diferencia en empatía y percepción del dolor ha sido bastante documentada, pero por experiencia sé que casi siempre se presenta como una deficiencia del carácter masculino. Ésta es una noción pobre e innecesaria porque, aunque la empatía es valiosa, dependiendo del contexto, el estoicismo es igual de importante. Lo mejor de todo es que no debemos tomar partido ni elegir, sino tener ambas cualidades. Y de hecho, necesitamos ambas.

Supongamos que un grupo se pierde en la selva y debe encontrar el camino de vuelta a casa. Aquí la empatía sería una cualidad necesaria porque ayudaría al grupo a unirse; pero también sería fundamental que la gente tuviera la capacidad de ver más allá de las fuentes del dolor y se enfocara en la manera de regresar a la civilización.

Todas las parejas y las familias se enfrentan a situaciones estresantes con regularidad. Quizá no nos perdamos en la selva frecuentemente, pero lidiamos con problemas financieros, de salud y de otros tipos. La sublime belleza de la combinación de rasgos masculinos y femeninos, es que nos proporciona las mayores cualidades de ambos géneros. Siguiendo con nuestra historia del grupo perdido en la selva, digamos que la empatía garantiza la identificación y subsecuente atención de las fuentes de dolor, en tanto el estoicismo permite la recuperación rápida, la reducción de la vulnerabilidad, y el movimiento continuo en busca de la seguridad. Ambas cualidades son necesarias, así que, tal vez, éste es el ejemplo perfecto de por qué los neandertales perecieron y nuestros ancestros prosperaron.

La dicotomía empatía-estoicismo es tan sólo una muestra de lo que son las características complementarias. En este capítulo exploraré varios elementos masculinos valiosos que complementan las fortalezas femeninas; para ello me basaré, en parte, en lo que a las mujeres les agradaba más de contar con los hombres en su vida. Pero antes de entrar de lleno al tema, permíteme reiterar mi descargo de responsabilidad respecto a las generalizaciones. Recuerda que, en realidad, no existen características enteramente masculinas o femeninas; hablo nada más de cualidades que, en promedio, un género posee en mayor cantidad que el otro, o utiliza de manera distinta. En lo personal, me resulta desconcertante y maravilloso que las mujeres compensen la falta de ciertas cualidades en los hombres, y viceversa.

Los hombres y las mujeres se pueden complementar en la relación, de la misma forma que el ying y el yang, el cielo y la tierra, o la cerveza y los pretzels. Cualquier equipo masculino-femenino que soslaye la mitad de sus activos emocionales y cognitivos, será como un motor con la mitad de las bujías que necesita. Claro que avanzaría con dificultad, ¿pero por qué no meterle poder a todos los cilindros? Ahora te presentaré algunas aportaciones valiosas de los hombres —y más comúnmente soslayadas— a la relación:

- Protección emocional
- Perdón y olvido
- La alegría de la simplicidad
- Estoicismo útil
- Enfoque en los objetivos
- Espíritu lúdico

Protección emocional

Los hombres han sido protectores a lo largo de toda la historia. Es cierto que las mujeres pueden valerse por sí mismas, particularmente en la era moderna, pero la capacidad protectora desarrollada durante miles de generaciones, todavía se encuentra a disposición de cualquier mujer.

Tomemos el ejemplo de Pete y Amy, quienes se esfuerzan por administrar sus propiedades para renta. Conforme se hizo realidad ser caseros —reparaciones de plomería a medianoche, declaraciones de impuestos, costos de seguros y otros inconvenientes más—, Pete y Amy empezaron a reñir cada vez con más frecuencia. Sus problemas con las propiedades inundaban sus comidas familiares, sus fines de semana e incluso su vida sexual.

Gracias a la terapia de pareja comprendieron que Amy realmente no quería involucrarse en la administración cotidiana de los inmuebles. Cuando los adquirieron dieron por hecho que la sociedad implicaba compartir la ansiedad y la toma de decisiones, pero Amy admitió con renuencia que, en el fondo, quería que Pete se hiciera cargo. No habló de esto antes porque temía dejarle a Peter la toma decisiones, actividad que a ella la estresaba demasiado.

Pero entonces Amy descubrió que él estaba fascinado con el plan. De hecho, disminuir el estrés de su esposa le agradaba bastante y, además, eso eliminaría una fuente de discusiones interminables. La pareja negoció un nuevo acuerdo en el que Pete administraría las propiedades, pero Amy participaría en la toma de decisiones importantes. De esa manera, ambos fueron felices.

El alivio que experimentaron se relaciona con que los hombres vivimos el riesgo y el peligro de manera diferente; los toleramos mejor y no nos causan tanta aversión como a ustedes (Roszkowski, 2010). Aquí no sugiero de ninguna manera que los hombres sean mejores para tomar decisiones o para encargarse del dinero o los negocios; pero la historia y la investigación muestran con muchísima claridad que los hombres están más dispuestos a enfrentar el riesgo, el peligro y la inminente incomodidad emocional. Espero haber aclarado de manera suficiente, a lo largo de todo el libro, que las diferencias de género no implican superioridad de ninguno de los sexos. Por cada hombre atolondrado dispuesto a arriesgar su seguridad o su fortuna, hay una mujer con sentido común que tomaría un camino menos arriesgado.

Sé que no todas las mujeres desean una relación como la de Pete y Amy, y tampoco todos los hombres; pero si tú quieres aprovechar la disposición de un hombre para protegerte y aceptar la incomodidad por ti, sé que muchos de nosotros quisiéramos complacerte.

Algunas mujeres aprecian esta actitud. Cuando les pregunté qué les gustaba de los hombres, mencionaron con frecuencia lo siguiente:

- "Me gustan los hombres que son superarriesgados, pero también protectores en otros momentos."
- "Me agrada cómo se sienten sus abrazos: fuertes y protectores."

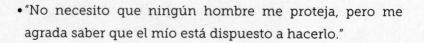
- "No necesito que ningún hombre me proteja, pero me agrada saber que el mío está dispuesto a hacerlo."

Perdón y olvido

Casi todos los hombres tienen la capacidad de enfrascarse en un fuerte desacuerdo con otro hombre, y luego tomarse una cerveza con él como si no hubiera pasado nada. Todo indica que muchas mujeres admiran esta cualidad:

- "Me gusta que los hombres sean más directos respecto a lo que piensan. Pueden no estar de acuerdo entre ellos, pero eso no representa un peligro importante para sus relaciones."
- "Parece que los hombres perdonan y continuan con sus vidas fácilmente."
- "Envidio muchas cualidades innatas de los hombres, como la de no interiorizar las situaciones. Pueden perdonar con mayor presteza y facilidad."

Anteriormente mencioné la importancia del estatus y la jerarquía para los hombres, y la tendencia a funcionar mejor en grupos numerosos. Estas cualidades contribuyen a que nos sea más fácil perdonar porque guardar resentimientos en grupos grandes no es nada sencillo. En una asociación grande con relaciones más bien relajadas, después de solucionar un problema y aclarados los asuntos del estatus, francamente el resentimiento ya no tiene ninguna razón de ser.

Hay evidencia de que los hombres y las mujeres procesan el perdón de manera distinta. Los investigadores descubrieron que, aunque nosotros somos más vengativos que ustedes cuando tenemos algún resentimiento, también perdonamos con mayor facilidad. Los hombres respondemos mejor a lo que los investigadores llaman "señalamientos del perdón", como recordar —o que alguien nos recuerde—, que nosotros también cometimos errores en el pasado. Incluso la mera idea del perdón funciona como "señalamiento" entre nosotros. Y aunque podría parecer contradictorio, los investigadores también descubrieron que somos más propensos a ponernos en los zapatos de alguien más, lo cual genera empatía por quien nos ofendió (Root y Exline, 2011).

Claro que las mujeres también pueden perdonar, pero los mismos investigadores encontraron que ellas ven el perdón como un proceso que requiere sanación emocional. Los hombres perdonamos de manera distinta; lo vemos como la decisión de una vez, no como un proceso prolongado; nosotros perdonamos y seguimos adelante.

La ingeniería masculina en las relaciones reconoce que, usualmente, es más útil perdonar y olvidar. Conservar un saco repleto de fallas del pasado, sólo produce un resentimiento destructivo, lo cual es bastante peligroso en el universo social masculino.

La mente se niega a olvidar los errores, las heridas y las ofensas; sin embargo, no es necesario obedecer a sus impulsos para hacer algo respecto a estos pensamientos. (En mi libro anterior, *The User's Guide to the Human Mind*, encontrarás mucha más información sobre cómo desobedecer los impulsos de la mente.)

La alegría de la simplicidad

Los hombres admiramos la profundidad emocional de las mujeres. Quizá recuerdes al hombre que en el capítulo 9 dijo: "Me encanta que las mujeres no le teman a la emoción. Me fascina que vivan con el corazón al aire." El otro lado de la moneda de la profundidad emocional es la sencillez: la disposición y habilidad de aceptar el aquí y el ahora sin abandonarse a la corriente de los pensamientos y sentimientos que se desarrollan en la mente. Por supuesto, a veces la sencillez o simplicidad del hombre les causa frustración o confusión a las mujeres. Una de ellas dijo: "¿En serio los hombres a veces no piensan en nada?"

Dejaré que algunos encuestados respondan:

- "A las mujeres les cuesta creer que no pensemos en algo. A veces de verdad no pensamos en nada, o estamos distraídos con algún asunto que no tiene que ver con lo que hacemos. A veces nuestras mentes sólo vagan sin propósito específico."
- "La mayoría de las veces que decimos no pensar en nada, es porque de verdad no hay nada en nuestra mente, o lo que hay, es francamente poco relevante."

Tal vez este rasgo frustra a las mujeres porque se parece mucho a la indiferencia. Una de ellas lo describió así: "Los hombres no pueden seguirle la pista a los detalles de la relación en absoluto. El ejemplo típico es cuando un amigo me dice que encontró a fulanito o fulanita en el supermercado. Entonces le hago preguntas específicas y él no puede responder a ninguna. ¿Llevaba a su bebé? 'No sé'. ¿Finalmente se hizo ese tatuaje gigante de un fénix para el que ahorraba? 'No sé.' ¿Todavía tenía la piel amarilla por la ictericia? 'No me fijé'".

No pensar en algo puede confundirse con falta de atención. Parecería que las relaciones no son importantes para un hombre que no observa detalles en otras personas. Pero uno de ellos me explicó que su relación romántica era fundamental para él aunque no la tuviera en mente todo el tiempo.

En todo caso, la capacidad de suavizar nuestro enfoque en la relación y tener la mente relajada con la mujer que amamos, podría indicar lo cómodos y confiados que nos sentimos en la relación. La gente suele codiciar la capacidad de otros para huir de la ansiedad y relajarse. O al menos, algunas mujeres admiran esta cualidad de los hombres:

- "¿Qué me agrada más de los hombres? Su simplicidad. Que les baste sexo y comida para ser felices."
- "Los hombres son muy relajados y no se angustian por pequeñeces."

Complejidad y simplicidad: una manera más en que hombres y mujeres se complementan a la perfección. La buena ingeniería masculina exige espacio para ambas.

Estoicismo útil

Analicemos el viejo y falso cliché de que los hombres no experimentan las emociones con la misma profundidad que las mujeres. Como ya mencioné antes, los hombres experimentamos las emociones con la misma intensidad que ustedes, pero respondemos a ellas de manera distinta.

Un grupo de investigadores comparó a varias mujeres estadounidenses con hombres chinos relativamente estoicos. Se pidió a los participantes observar fotografías que tenían el objetivo de producir fuertes emociones negativas. Quizá no resulte sorprendente que las mujeres demostraron niveles mucho más altos de ansiedad que los hombres (Davis *et al.*, 2012).

Bueno, eso fue lo que ambos grupos *reportaron;* pero al parecer, la situación fue muy distinta en el fondo. Los investigadores descubrieron que los hombres tuvieron emociones negativas como respuesta a las fotos, pero se alejaron rápidamente de esa situación mediante estrategias de distanciamiento que las mujeres no aplicaron.

Los hombres usaron varias estrategias para manejar su incomodidad emocional; en pocas palabras, evitaron regodearse en las imágenes. Se distrajeron pensando en otras cosas. Cambiaron el objetivo de su atención; se desvincularon del desagradable aspecto principal para fijarse en detalles inocuos. También suprimieron sus respuestas emocionales por medio del control de su expresión facial, lo que les ayudó a contener sus reacciones.

Así pues, aunque hombres y mujeres son bastante similares en lo emocional, parece que nosotros desarrollamos habilidades para distanciarnos de los sentimientos desagradables. (Podemos atribuir esto, en parte, al entrenamiento de futbol infantil mencionado, y a otras innumerables experiencias de la niñez.)

Los investigadores notaron otro detalle fundamental: las participantes en el estudio reflexionaron más sobre sus estados emocionales que los hombres. Así, mientras ellos se alejaban de la desagradable experiencia, ellas se enfocaban más en la misma. Esto no es necesariamente malo, ya que analizar las causas de un estado emocional es bastante útil; ayuda, por ejemplo, a identificar la fuente de los problemas en la relación.

En otras ocasiones, sin embargo, resulta mejor alejarse del aspecto emocional de una experiencia y lanzarse de lleno a la solución pragmática del conflicto. En una situación así, el distanciamiento emocional es bastante útil. Esta habilidad también sirve al matar a esa araña gigante en la tina del baño, destapar la cañería principal, o cualquier otra tarea desagradable que los hombres realizamos. Como lo indican los comentarios siguientes, algunas mujeres tienen esta habilidad muy presente:

- "Me gusta que los hombres piensen de manera lógica. Que su mundo suela ser blanco y negro."
- "El hecho de que los hombres puedan evaluar una situación sin involucrar ninguna emoción, me resulta reconfortante."
- "Hay ocasiones en que desearía debatir un problema lejos de mis emociones. En general, los hombres son mejores que yo para enfocarse intelectualmente en un conflicto."

Esto no significa que seamos más valientes, no experimentemos emociones, o tengamos mayor inteligencia emocional que las mujeres (de hecho, el hábito de distanciarnos nos impide lidiar mejor con las emociones). Me parece, más bien, que tenemos más práctica en regular nuestra respuesta a la emoción, en tanto las mujeres son más hábiles para identificar las fuentes de la misma. El hombre que aplica bien la ingeniería masculina, sabe que ambas habilidades son necesarias y útiles.

Enfoque en los objetivos

Algunas personas se obligan a entender de dónde vienen los problemas; otras sólo desean arreglarlos. De las parejas que se reúnen conmigo para solucionar sus dificultades, en general (aunque no siempre), la mujer se siente obligada a diseccionar los problemas. El hombre, en cambio, sólo encuentra la solución y sigue con su vida.

Cómo piensan los hombres

"Las mujeres parecen enfocarse más en el problema que en la solución."

Tal vez esto suene ya como disco rayado, pero los dos enfoques son fundamentales. A veces la pareja necesita identificar por qué se presenta un conflicto, en particular si es recurrente. Pero en otras, resulta más productivo encontrar una solución y seguir adelante, sobre todo si el problema es una falla ocasional.

Tal vez te parezca extraño que un psicólogo diga esto, pero sé por experiencia que las parejas exitosas no diseccionan absolutamente todos los problemas; dan prioridad a los conflictos importantes y repetitivos. Por ejemplo, trabajé con una pareja, y la mujer, sin darse cuenta, insultó a su esposo al cuestionar su eficiencia en el trabajo. Era comentario que pudieron analizar días enteros, parte por parte: *No fue tu intención decir eso, pero una afirmación de este nivel refleja falta de respeto hacia mí que, seguramente, sientes a nivel inconsciente. Necesitamos hablar de esto.*

Pero la verdad es que la mujer sólo articuló mal su preocupación. Así que aclaró lo que deseaba decir; él le pidió más sensibilidad al hablar del tema en el futuro, y pasaron el resto del día sin problemas. Sanseacabó.

De cualquier modo, muchas mujeres dijeron sentirse frustradas por la tendencia de los hombres a pensar sólo en los objetivos. Esto fue lo que dijeron:

- "Ese deseo que tienen de resolver los problemas opaca cualquier intento de comunicación."
- "Los hombres se enfocan demasiado en su objetivo. Incluso en la cama. Ojalá se dieran tiempo para hacer las cosas con calma, porque normalmente sólo van directo al grano."

Estas mujeres tienen razón al decir que todo en exceso es malo, pero otras valoran bastante la fijación de los hombres en los objetivos, cuando la manifiestan de manera moderada:

- "La ventaja de que los hombres hablen menos es que, cuando atacan el problema, lo hacen sin rodeos."
- "Me gusta la franqueza de los hombres y cómo se enfocan en resolver dificultades."
- "A mí me fascina que los hombres actúen en vez de hablar, porque normalmente te ayudan a resolver problemas, y siempre ofrecen soluciones. Si sólo quiero quejarme un rato de algo, se lo digo a mi pareja desde el principio. Pero si deseo resolver un conflicto de verdad, siempre es agradable tener la perspectiva fresca de un hombre."

Cada pareja debe encontrar su propio equilibrio entre el procesamiento y la resolución de un problema. Pero incluso varía según la situación. La pareja sabia busca el balance entre cerveza y pretzels. Esto es lo que dijo un hombre bueno al respecto: "Los hombres somos criaturas más simples. Nos enfocamos en los objetivos y usamos la lógica para movernos; pero a veces no contamos con los matices emocionales. Por favor sean pacientes. Nosotros también lo seremos con ustedes."

Espíritu lúdico

¿Recuerdas los pergoleros satinados que mencioné en el capítulo 4? Para atraer a sus hembras, los machos construyen pérgolas sobre el suelo del bosque, y las usan para mostrar su capacidad como parejas. Y todo esto, siempre con la inteligencia como su aptitud más atractiva. Quizá también recuerdes que en ese mismo capítulo mencioné que mediante el humor los hombres muestran su inteligencia y capacidad para atraer a las mujeres, porque sabemos que les gustamos más cuando las hacemos reír.

Los pergoleros satinados machos no guardan sus pérgolas después de aparearse. Supongo que son destruidas por el viento. Pero los hombres son distintos. Aunque no seguimos aplicando la misma intensidad en nuestros intentos por impresionarlas durante toda la relación (tendrías que ser hombre para saber lo difícil que eso sería), definitivamente deseamos pasarla bien con ustedes y hacerlas reír.

Éste fue uno de los temas de la encuesta en que hombres y mujeres parecieron más de acuerdo. Los hombres se quieren relajar y divertir con la mujer de su vida, y ellas afirmaron que el humor es una de las características que más admiran en los hombres. Sin embargo, varios individuos también comentaron que a veces sus parejas no tienen disposición para divertirse o ser juguetonas, y eso los frustra mucho. El siguiente comentario captura bien el sentimiento: "Las mujeres pueden quejarse una y otra vez de algo. Es muy agobiante. ¿Por qué no mejor hablar sobre las cosas buenas de la vida? ¿Relajarnos y disfrutar del tiempo que pasamos juntos? No creo que compartir indefinidamente emociones negativas sirva para profundizar la relación."

El comentario de este hombre refleja un sentimiento común, pero le faltó decir algo en la segunda parte, ya que, hasta cierto punto, compartir emociones fomenta la cercanía. De cualquier manera, aquí vemos con claridad la frustración de la que muchos hombres me hablan: las mujeres se resisten a disfrutar los buenos momentos de la vida.

Siempre soy más optimista respecto al futuro de una pareja si logra conservar el espíritu lúdico incluso en tiempos difíciles. Por suerte, el espíritu lúdico —tendencia a jugar y relajarse—, es un activo que casi siempre se recupera en la relación; y los hombres buenos normalmente estamos más que dispuestos a hacerlo porque, después de todo, nuestro objetivo es hacerte feliz.

Lo mejor de dos mundos

Me gustaría cerrar este capítulo con un pequeño experimento mental. Imagina que hay dos islas, y ambas cuentan con todas las facilidades de la vida moderna. En una viven diez mil hombres, y en la otra, diez mil mujeres. ¿Cómo crees que serían estas sociedades tras el paso de algunas décadas?

Yo creo que la isla de los hombres sería un lugar muy solitario, tal vez terminaría repleto de calcetines sucios. Sí, claro, nos divertiríamos mucho construyendo pistas de carreras y estadios de futbol, pero nos faltaría la parte más importante de nuestra vida: un propósito. Y de la misma manera que los hombres que evitan a las mujeres en la vida real, quizá moriríamos antes de lo debido (Kaplan y Kronick, 2006).

En cuanto a la isla de las mujeres, sería cómoda pero le faltaría algo. Las mujeres descubrirían que carecen de nuestro ingenio, nuestra perspectiva contraria y nuestra habilidad para hacer reparaciones domésticas sólo con cinta de aislar.

Décadas de investigación demuestran que el matrimonio brinda a hombres y mujeres vidas más largas y felices. La gente casada es menos propensa a desarrollar neumonía, cáncer o problemas cardiacos, y también requiere menos cirugías (Parker-Pope, 2010). La calidad de la relación es muy importante. Un matrimonio estresante puede ser peor para la salud de una persona, que la soledad absoluta. Además, investigaciones recientes indican que algunos beneficios de la vida matrimonial aplican de la misma manera en el caso de la cohabitación comprometida (Musick y Bumpass, 2012). Todo se resume en lo siguiente: hombres y mujeres somos más felices y saludables cuando nos tenemos uno al otro.

Por suerte no vivimos en islas separadas, lo cual es particularmente benéfico para los hombres. Me parece, sin embargo, que las mujeres también se benefician de nuestra existencia. Además, una vez que aprendiste cómo funcionamos, será muy fácil convivir con nosotros. Todo lo que pedimos es aceptación, romance y un poco de reconocimiento. Y lo único que quiere hacer un hombre bueno es corresponder a tu amabilidad.

Epílogo

Me gustaría ceder la palabra a los hombres buenos que de manera anónima, y gran generosidad, me compartieron sus pensamientos mientras escribía este libro. A continuación presentaré algunos de comentarios no incluidos hasta el momento. Por desgracia, no tengo espacio para todos.

En realidad no sé mucho de los hombres cuyas palabras aparecen aquí. Sólo que sus edades van de los diecisiete a los setenta años, y son individuos sensibles y bien articulados. Más allá de esto, lo mejor es dar por hecho que son hombres buenos que se esfuerzan al máximo en sus relaciones y su vida.

Resulta evidente que algunos tenían dificultades con su pareja cuando contestaron la encuesta, pero por el tono y el contenido de los comentarios, asumo que muy pocos, o tal vez ninguno, lidiaba con cosas que de plano impiden a un hombre una relación sana. La profundidad y sensibilidad de sus respuestas me indican que no son hombres atrapados en batallas contra adicciones, encarcelación o violencia.

Es importante recordar que esta encuesta por Internet no tenía un enfoque científico. Los hombres y las mujeres participaron por decisión propia. Todos se toparon con la encuesta a través de canales similares y probablemente pertenecen a un grupo más o menos homogéneo, pero esto no fue cuantificado.

Si te sirve de algo, noté una diferencia de tono entre mujeres y hombres insatisfechos con el sexo opuesto. Ellas expresaron más su enojo hacia los hombres; y sus expresiones de ira fueron en general más intensas. Una mujer, por ejemplo, escribió, "Creo que ya no hay nada que me guste de los hombres, pero vivimos en el mismo planeta, así que, por lo menos, mantengo mis buenos modales si interactuo con ellos."

Aunque algunos hombres hablaron de su frustración respecto a las mujeres, casi siempre expresaron más bien desesperanza y resignación. A veces hablaron de su frustración de manera graciosa, como el hombre que escribió: "Entiendo todo sobre las mujeres, excepto todas esas cosas raras que hacen." Hubo algunos hombres ya mayores que se confesaron atrapados en su matrimonio con una mujer que jamás será feliz, y se dieron por vencidos tiempo atrás. En estos comentarios, evidentemente, se percibía una profunda tristeza.

La buena noticia es que, tanto en hombres como en mujeres, la ira y la desesperanza eran opacadas por una curiosidad y admiración que, claro, ocasionalmente contenían cierta dosis de frustración. Comenzaré con algunas cosas que a los hombres les gustaría que las mujeres entendieran respecto a la mente masculina, y guardaré lo mejor y los cumplidos más intensos para el final.

Lo que los hombres quieren que las mujeres sepan respecto a la comunicación

Una de las preguntas que les hice a los hombres, fue, "¿Qué te gustaría que las mujeres entendieran sobre la forma en que los hombres piensan o se comunican?"

• "Creo que los hombres somos criaturas más bien simples, y las mujeres tratan de hacernos más complicados. Sé que generalizo, pero así es. Los hombres pensamos de manera lineal y, si hay demasiada información, nos confundimos. Cuando hablamos nos enfocamos."

- "Nuestro estilo de comunicación es diferente al tuyo. Nos esforzamos al máximo por comprenderte, y casi siempre lo hacemos, incluso aunque no lo parezca. No siempre tenemos las respuestas ni sabemos con exactitud cuál es la mejor manera de responder, pero queremos ayudarte. No nos ataques cuando tratemos de hacerlo, porque eso nos obligará a preocuparnos menos y menos por ti en el futuro."

- "He visto que las mujeres tienden a ser tímidas en lo que se refiere a sus deseos. Es todo lo que puedo inferir. El sarcasmo y el comportamiento pasivo-agresivo me confunde y me obliga a preguntarme qué sucedió."

- "Tal vez sea verdad que las mujeres se comunican más, pero la cantidad no garantiza la calidad. Sería de bastante ayuda si fueran más directas respecto a lo que quieren y necesitan. Si quieres que te escuche, dímelo sin rodeos y lo haré. Si quieres discutir algo importante conmigo, asegúrate de resumirlo y usar lenguaje directo. No te preocupes por mis sentimientos, te amo y puedo lidiar con la verdad. Y también dime que apague la televisión si quieres conversar."

- "Si realmente deseas saber en qué pensamos y nos presionas, no te sorprendas si la respuesta no te agrada. Quizá lo que teníamos en mente lo queríamos guardar porque te lastimaría. Pero te aseguro que no es nada personal."

- "Nosotros no somos tan hábiles con las palabras. ¿Qué tal te pones un poco en nuestros zapatos? Tú no le das importancia a que cargue paquetes, y a mí no me molesta hacerlo porque soy más fuerte y me siento apreciado. Pero cuando discutimos, me enfrento solo a LeBron James. ¿Por qué debes ganar todas las peleas forzosamente?"

- "Con los hombres, lo que ves es lo que tienes. Muchos malentendidos surgen porque las mujeres ven lo que les gustaría que fuéramos, en vez de aceptar que somos esto y ya."
- "A algunos no nos educaron para ser abiertos y mostrar nuestros sentimientos. No nos juzgues, mejor ayúdanos."

Lo que los hombres desearían que las mujeres entendieran

También pregunté a los hombres: "¿Qué es lo que las mujeres jamás entenderán de los hombres?"

- "Nuestra respuesta inmediata al atractivo femenino, y la dificultad para controlarla."
- "El impulso sexual y la ambición personal."
- "El poder de la atracción sexual femenina sobre nosotros."
- "El deseo constante de intimidad física."
- "Las mujeres jamás entenderán el impulso sexual masculino. La testosterona es un amo despiadado."
- "Me gustaría que las mujeres entendieran la tendencia del hombre a desensamblar las situaciones pieza por pieza para analizar todo antes de tomar una decisión."
- "El papel del honor en nuestra vida, empezando por las relaciones de trabajo y personales, y el lugar que ocupamos en la sociedad."
- "Las mujeres no comprenden cómo hacemos para que las cosas se nos resbalen y seguir con nuestra vida."
- "Lo peor de todo es el tiempo de recuperación que necesitan las mujeres después de solucionar un conflicto. ¡A veces les toma semanas, hombre!"

- "Las mujeres jamás entenderán nuestra necesidad de guardar silencio de vez en cuando. Si no nos escuchan hablar, asumen que algo anda mal. Y, por supuesto, no es así. A veces sólo necesitamos un tiempito para evaluar la situación y arreglarla en la cabeza antes de hablar con nuestra pareja."
- "Nuestra necesidad de estar solos, de hacer las cosas a nuestra manera y conservar nuestra identidad."
- "Creo que jamás entenderán la necesidad que tienen los hombres de estar solos o en compañía de otros hombres de vez en cuando."

Consejos de los hombres a las mujeres

No pedí a los hombres sugerencias específicas para el bienestar de las relaciones, y debí hacerlo. Algunos, sin embargo, dieron ideas útiles. Aquí hay algunas:

- "¡La simplicidad puede ser increíble!"
- "A veces el silencio es la mejor estrategia."
- "Si quieres apertura, no la limites."
- "No asumas que si no nos enfocamos en las emociones, estamos enfermos o mal de la cabeza."
- "Nuestra testosterona nos ciega ante tus fallas. Tus únicas verdaderas críticas son las otras mujeres. Deja de pensar tanto las cosas."
- "Lo único que quiere un hombre es sentirse necesitado de vez en cuando."
- "Cuando tu actitud ante la vida es negativa, debo aligerar tu carga empezando por mis exigencias."

- "Los hombres necesitamos espacio para reunirnos con cierta regularidad. Cuando un hombre reclama su tiempo, no siempre es porque hiciste algo mal. Tal vez sólo necesita reafirmar su autonomía de nuevo porque, cuando un individuo se acerca a una mujer, necesita sentirse intrínsecamente él mismo."

- "Los hombres no tienen por qué ser como las mujeres. El feminismo las convenció de que somos iguales a ellas, pero no es malo que seamos distintos."

- "Ser exigente resulta poco atractivo porque anula la posibilidad de ser agradecida. Los hombres necesitamos que nos agradezcan las cosas que hacemos y nos alienten. En cuanto la mujer asume que el hombre está obligado a hacer cosas por ella, a él se le dificulta complacerla, independientemente de cuánto la ame."

- "Yo me siento feliz y contento de estar en la misma habitación que tú. A veces, nuestra mutua presencia física es suficiente para sentirme bien. Por eso no necesito 'conectarme' verbalmente tanto como tú. A mí me basta con estar sentado a tu lado."

Lo que a los hombres encanta de las mujeres

Por último, pedí a los hombres decir qué les gustaba más de las mujeres, y fueron muy comunicativos en sus respuestas. Creo que nos gustas... ¡y mucho! Aquí hay una breve lista de las razones por las que sigues cautivando nuestro corazón.

- "Los hombres solemos ser criaturas problemáticas, pero las mujeres están dispuestas a amarnos a pesar de nuestras fallas. Jamás dejaré de agradecerles profundamente por ello."

- "Me fascina que algunas mujeres no se den cuenta de lo hermosas y distinguidas que son. Me encanta saber que, como hombres, jamás entenderemos a esas misteriosas criaturas, y a pesar de ello, no se me acabe el deseo de conocer a fondo por lo menos a una."
- "Me agrada que puedan ser tan sutiles. Adoro la sensación de su cuerpo (¡en todas las formas y tallas!). Y adoro cuando hablan de sus sentimientos."
- "Uno de los mejores momentos con cualquier mujer, es cuando te estiras para tomar su mano y ella se acerca para tomar la tuya."
- "Las mujeres necesitan entender que los hombres preferiríamos estar con ellas que en cualquier otro sitio."
- "La mera apariencia de ciertas mujeres me hace olvidar hasta mi nombre. Y lo único mejor, es que esa misma mujer converse conmigo sobre mil y un temas."
- "¡Adoro casi todo de ellas!"
- "Su inteligencia. ¡Una chica inteligente lo vale todo y más!"
- "Los mejores momentos fuera de la alcoba, son los más simples de todos, como ir de compras al mercado sobre ruedas, regresar a casa y cocinar y comer juntos. ¡Eso es vida!"
- "Su aroma, su piel suave y su sutileza. A veces cuando te miran a los ojos, ves hasta el fondo de su alma."
- "A mí me encantan los abrazos después del sexo. Resultar sorprendente, pero a los hombres nos gusta relajarnos en ese momento. Quizá no te abracemos con fuerza o nos pongamos a hablar sin parar, pero nos agrada mucho que permanezcas en la cama con nosotros."
- "La suavidad de su cuerpo y su espíritu. Es muy atractivo ver a una mujer que necesita un poco de ayuda. Claro que no quiero una inútil, pero me encanta abrirle los frascos

y la puerta. Me agrada verla sonreír sólo porque hice algo, aunque sea pequeño, por ella."

- "Las curvas, la sonrisa, los ojos, la risa, la suavidad y la ternura. Que me busque cuando necesita seguridad y compañía. Y la forma en que hace que mi corazón se detenga."

- "El día que le presenté mi esposa a mi familia, fue uno de los mejores de mi vida."

- "Me encanta que me bese y abrace cuando vuelvo a casa de la oficina."

- "Que pueden hacerlo todo mejor con un abrazo. Que tengan el poder de hacer que un hombre se derrita con una sonrisa."

- "Cómo caminan, hablan, huelen, ven el mundo y, por supuesto, sus cuerpos, sin importar la forma."

- "Las mujeres en general son dulces, amables, cariñosas, sensibles y saludables. Y que a veces luzcan increíblemente elegantes sin esfuerzo, eso me deja sin aliento."

- "Los mejores momentos son cuando estamos en la cama antes de dormir, y ella apoya su cabeza en mi hombro y suspira. Con eso me dice que entre mis brazos se siente feliz y a salvo."

- "Los hombres estaríamos perdidos sin las mujeres. Ellas nos brindan el propósito que necesitamos para llevar una vida honesta y plena."

Creo que no puedo añadir nada más.

Referencias

Baker, M. D., y Maner, J. K., "Risk-Taking as a Situationally Sensitive Male Mating Strategy", *Evolution and Human Behavior*, 2008, 29:391-395.

Baumeister, R., *Is There Anything Good About Men? How Cultures Flourish by Exploiting Men*, Nueva York, Oxford University Press, 2010.

Baur, N., y Hofmeister, H., "Some Like Them Hot: How Germans Construct Male Attractiveness", *Journal of Men's Studies*, 2008, 16:280-300.

Benenson, J. F., y Heath, A., "Boys Withdraw More in One-on-One Interactions, Whereas Girls Withdraw More in Groups", *Developmental Psychology*, 2006, 42:272-282.

Brody, S., "The Relative Health Benefits of Different Sexual Activities", *Journal of Sexual Medicine*, 2010, 7:1336-1361.

Buss, D. M., "Sexual Strategies Theory: Historical Origins and Current Status", *Journal of Sex Research*, 1998, 35:19-31.

Campbell, L., y Ellis, B. J., "Commitment, Love, and Mate Retention", En *The Handbook of Evolutionary Psychology*, editado por Buss, D. M., Hoboken, Nueva Jersey; John Wiley and Sons, 2005.

Catsambis, S., "The Gender Gap in Mathematics", En *Gender Differences in Mathematics: An Integrative Psychological Approach*, editado por Gallagher, A. M., y Kaufman, J. C., Cambridge, Reino Unido, Cambridge University Press, 2005.

Ceci, S. J., y Williams, W. M., "Sex Differences in Math-Intensive Fields", *Current Directions in Psychological Science*, 2010, 19:275-279.

Clarke, J. N., "The Portrayal of Depression in Magazines Designed for Men", *International Journal of Men's Health*, 2009, 8:202-212.

Coleman, D., Kaplan, M. S., y Casey, J. T., "The Social Nature of Male Suicide: A New Analytic Model", *International Journal of Men's Health*, 2011, 10:240-252.

Davis, E., Greenberger, E., Charles, S., Chen, C., Zhao, L., y Dong, Q., "Emotion Experience and Regulation in China and the United States: How Do Culture and Gender Shape Emotion Responding?", *International Journal of Psychology*, 2012, 47:230-239.

Deary, I. J., Thorpe, G., Wilson, V., Starr, J. M., y Whalley, L. J., "Population Sex Differences in IQ at Age 11: The Scottish Mental Survey 1932", *Intelligence*, 2003, 31:533-542.

Dunn, M. J., y Searle, R., "Effects of Manipulated Prestige-Car Ownership on Both Sex Attractiveness Ratings", *British Journal of Psychology*, 2010, 101:69-80.

Else-Quest, N., Higgins, A., Allison, C., y Morton, L. C., "Gender Differences in Self-Conscious Emotional Experience: A Meta-Analysis", *Psychological Bulletin*, 2012, 5:947-981.

Fisher, T. D., Moore, Z. T., y Pittenger, M., "Sex on the Brain? An Examination of Frequency of Sexual Cognitions as a Function of Gender, Erotophilia, and Social Desirability", *Journal of Sex Research*, 2012, 49:69–77.

Frankenhuis, W. E., y Karremans, J. C., "Uncommitted Men Match Their Risk Taking to Female Preferences, While Committed Men Do the Opposite", *Journal of Experimental Social Psychology*, 2012, 48:428–431.

Gallup, G. G., Burch, R. L., y Berens Mitchell, T. J., "Semen Displacement as a Sperm Competition Strategy: Multiple Mating, Self-Semen Displacement, and Timing of In-Pair Copulations", *Human Nature*, 2006, 17:253–264.

Gangestad, S. W., y Thornhill R., "Facial Masculinity and Fluctuating Asymmetry", *Evolution and Human Behavior*, 2003, 24:231–241.

Gangestad, S. W., Thornhill, R., y Garver-Apgar, C. E., "Men's Facial Masculinity Predicts Changes in Their Female Partners' Sexual Interests Across the Ovulatory Cycle, Whereas Men's Intelligence Does Not", *Evolution and Human Behavior*, 2010, 31:412–424.

Garaigordobil, M., "A Comparative Analysis of Empathy in Childhood and Adolescence: Gender Differences and Associated Socio-emotional Variables", *International Journal of Psychology and Psychological Therapy*, 2009, 9:217–235.

Giblin, P., "Men Making and Keeping Commitments", *American Journal of Family Therapy*, 2011, 39:124–138.

Green, J. D., y Addis, M. E., "Individual Differences in Masculine Gender Socialization as Predictive of Men's Psychophysiological Responses to Negative Affect", *International Journal of Men's Health*, 2012, 11:63–82.

Greengross, G., y Miller, G., "Humor Ability Reveals Intelligence, Predicts Mating Success, and Is Higher in Males", *Intelligence*, 2011, 39:188-192.

Guéguen, N., y Lamy, L., "Men's Social Status and Attractiveness: Women's Receptivity to Men's Date Requests", *Swiss Journal of Psychology*, 2012, 71:157-160.

Harskamp, E., Ding, N., y Suhre, C., "Group Composition and Its Effect on Female and Male Problem-Solving in Science Education", *Educational Research*, 2008, 50:307-318.

Huoviala, P., y Rantala, M.J., "A Putative Human Pheromone, Androstadienone, Increases Cooperation Between Men", *PLoS ONE*, 2008, 8(5):e62499.

Kaplan, R. M., y Kronick, R. G., "Marital Status and Longevity in the United States Population", *Journal of Epidemiology and Community Health*, 2006, 60:760-765.

Keagy, J., Savard, J. F., y Borgia, G., "Male Satin Bowerbird Problem- Solving Ability Predicts Mating Success", *Animal Behavior*, 2009, 78:809-817.

Kring, A. M., y Gordon, A. H., "Sex Differences in Emotion: Expression, Experience, and Physiology", *Journal of Personality and Social Psychology*, 1998, 74:686-703.

Kuhn, S. L., y Stiner, M. C., "What's a Mother to Do?", *Current Anthropology*, 2006, 47:953-980.

Lehrer, J., "Groupthink", *New Yorker*, 30 de enero de 2012, pg. 22.

Li, N. P., Griskevicius, V., Durante, K. M., Jonason, P. K., Pasisz, D. J., y Aumer, K., "An Evolutionary Perspective on Humor: Sexual Selection or Interest Indication?", *Personality and Social Psychology Bulletin*, 2009, 35:923-936.

Lin, W. L., Hsu, K. Y., Chen, H. C., y Wang, J. W., "The Relations of Gender and Personality Traits on Different Creativities: A Dual-Process Theory Account", *Psychology of Aesthetics, Creativity, and the Arts*, 2012, 6:112-123.

Little, K. C., McNulty, J. K.; Russel, M., "Sex Buffers Intimates Against the Negative Implications of Attachment Insecurity", *Personality and Social Psychology Bulletin*, 2010, 36:484-498.

McIntyre, M. H., Li, A. Y., Chapman, J. F., Lipson, S. F., y Ellison P. T., "Social Status, Masculinity, and Testosterone in Young Men", *Personality and Individual Differences*, 2011, 51:392-396.

Murdock, G. P., *Ethnographic Atlas*, Pittsburgh, University of Pittsburgh Press, 1967.

Musick, K., y Bumpass, L., "Reexamining the Case for Marriage: Union Formation and Changes in Well-Being", *Journal of Marriage and Family*, 2012, 74:1-18.

Nummi, P., y Pellikka, J., "Do Female Sex Fantasies Reflect Adaptations for Sperm Competition?", *Annales Zoologici Fennici*, 2012, 49:93-102.

Osborn, A., *Your Creative Power: How to Use Imagination*, Nueva York, Charles Scribner's Sons, 1948.

Palmer, C. T., Tilly, C. F., "Access to Females as a Motivation for Joining Gangs: An Evolutionary Approach", *Journal of Sex Research*, 1995, 32:213-217.

Parker-Pope, T., "Is Marriage Good for Your Health?", *New York Times Magazine*, 18 de abril de 2010, p. 46.

Prokosch, M. D., Coss, R. G., Scheib, J. E., y Blozis, S. A., "Intelligence and Mate Choice: Intelligent Men Are Always Appealing", *Evolution and Human Behavior*, 2009, 30:11-20.

Root, B. L., y Exline, J. J., "Gender Differences in Response to Experimental Forgiveness Prompts: Do Men Show Stronger Responses Than Women?", *Basic and Applied Social Psychology*, 2011, 33:182-193.

Roszkowski, M. J., "Gender Differences in Personal Income and Financial Risk Tolerance: How Much of a Connection?", *Career Development Quarterly*, 2010, 58:270-275.

Schmitt, D. P., "Fundamentals of Human Mating Strategies", En *The Handbook of Evolutionary Psychology*, editado por Buss, D. M., Hoboken, Nueva Jersey, John Wiley and Sons, 2005.

Schmitt, D. P., y 118 integrantes de International Sexuality Description Project, "Universal Sex Differences in the Desire for Sexual Variety: Tests from 52 Nations, 6 Continents, and 13 Islands", *Journal of Personality and Social Psychology*, 2003, 85:85-104.

Shackelford, T. K., Schmitt, D. P., y Buss, D. M., "Universal Dimensions of Human Mate Preferences", *Personality and Individual Differences*, 2005, 39:447-458.

Simon, R. W., y Barrett, A. E., "Nonmarital Romantic Relationships and Mental Health in Early Adulthood: Does the Association Differ for Women and Men?", *Journal of Health and Social Behavior*, 2010, 51:168-182.

Smith, A., Ferris, J., Richters, J., Pitts, M., Shelley, J., y Simpson, J. M., "Sexual and Relationship Satisfaction Among Heterosexual Men and Women: The Importance of Desired Frequency of Sex", *Journal of Sex and Marital Therapy*, 2011, 37:104-115.

Smith, S., *The User's Guide to the Human Mind: Why Our Brains Make Us Unhappy, Anxious, and Neurotic and What We Can Do About It*, Oakland, California, New Harbinger, 2011.

Starratt, V. G., y Shackelford, T. K., "He Said, She Said: Men's Reports of Mate Value and Mate Retention Behaviors in Intimate Relationships", *Personality and Individual Differences*, 2012, 53:459-462.

Stenstrom, E., Saad, G., Nepomuceno, M. V.; y Mendenhall, Z., "Testosterone and Domain-Specific Risk: Digit Ratios (2D:4D and Rel2) as Predictors of Recreational, Financial, and Social Risk-Taking Behaviors", *Personality and Individual Differences*, 2011, 51:412-416.

Taylor, D. W., Berry, P. C., y Block, C. H., "Does Group Participation When Using Brainstorming Facilitate or Inhibit Creative Thinking?", *Administrative Science Quarterly*, 1958, 3:23-47.

Tovée, M. J., y Cornelissen, P. L., "Female and Male Perceptions of Female Physical Attractiveness in Front-View and Profile", *British Journal of Psychology*, 2001, 92:391-402.

Van Vugt, M., De Cremer, D., y Janssen, D. P., "Gender Differences in Cooperation and Competition: The Male Warrior Hypothesis", *Psychological Science*, 2007, 18:19-23.

Watkins, C. D., y Jones, B. C., "Priming Men with Different Contest Outcomes Modulates Their Dominance Perceptions", *Behavioral Ecology*, 2012, 23:539-543.

Wegner, D. M., Schneider, D. J., Carter, S. R., y White, T. L., "Paradoxical Effects of Thought Suppression", *Journal of Personality and Social Psychology*, 1987, 53(1):5-13.

Wilbur, C. J., y Campbell, L., "Humor in Romantic Contexts: Do Men Participate and Women Evaluate?", *Personality and Social Psychology Bulletin*, 2011, 37:918-929.

Wilder, J. A., Mobasher, Z., y Hammer, M. F., "Genetic Evidence for Unequal Effective Population Sizes of Human Females and Males", *Molecular Biology and Evolution*, 2004, 21:2047-2057.

Wilson, M., y Daly, M., "Competitiveness, Risk Taking, and Violence: The Young Male Syndrome", *Ethnology and Sociobiology*, 1985, 6:59-73.

Shawn T. Smith, PsyD, es un psicólogo que atiende a pacientes de forma particular en Denver, Colorado. Es autor del libro *The User's Guide to the Human Mind*, y escribe un *blog* en ironshrink.com. Smith disfruta las actividades masculinas como ser padre y esposo. Vive con su esposa, su hija, y el perro de la familia.

La respuesta a la antigua pregunta: ¿En qué está pensando?

¿Alguna vez has mirado a tu esposo, tu novio o el hombre con quien sales, y te preguntas: "¿En qué está pensando?"? ¡Por supuesto que sí! Tal vez los hombres no sean de Marte, pero sí hay diferencias fundamentales en cómo ellos y ellas piensan. Entonces, ¿cómo saber lo que motiva a tu hombre?

En esta práctica y humorística guía, el psicólogo Shawn T. Smith nos ofrece un vistazo al interior de la siempre elusiva mente masculina. Ahí, las mujeres curiosas entenderán por qué los hombres ven el mundo como lo hacen, y obtendrán sugerencias valiosas para una mejor comunicación y entendimiento en sus relaciones. Éste libro no te dirá que los hombres deberían ser más parecidos a las mujeres, más bien te explica cómo son en realidad, y de qué manera pueden aprovechar las mujeres esta información para el amor y el nivel de compromiso que desean.

"Fácil de leer, práctico e ingenioso: se lo recomiendo a todas las mujeres que quieran entender a los hombres, y a todos los hombres a quienes agradaría entenderse mejor a sí mismos."

—**Harville Hendrix, PhD**, autor de *Getting the Love You Want*

SHAWN T. SMITH, PsyD, psicólogo, autor del libro *The User's Guide to the Human Mind*. Escribe un *blog* en ironshrink.com., y vive con su esposa, su hija, y la mascota de la familia.

Como piensan los hombres, de Shawn T. Smith
se terminó de imprimir en febrero de 2015
en Quad/Graphics Querétaro, S. A. de C. V.,
Fracc. Agro Industrial La Cruz El Marqués
Querétaro, México.